IP 知识产权专题研究书系

GUOYOU ZHUZUOQUAN GUANLI YANJIU

国有著作权管理研究

叶文芳　丁　一　顾湘媛　编著

知识产权出版社
全国百佳图书出版单位
—北京—

图书在版编目（CIP）数据

国有著作权管理研究/叶文芳，丁一，顾湘媛编著. —北京：知识产权出版社，2021. 12

ISBN 978-7-5130-8001-9

Ⅰ. ①国… Ⅱ. ①叶… ②丁… ③顾… Ⅲ. ①著作权—管理—研究—中国 Ⅳ. ①D923. 414

中国版本图书馆 CIP 数据核字（2021）第 269829 号

责任编辑：刘 睿 刘 江　　**责任校对**：潘凤越

封面设计：SUN 工作室　　**责任印制**：孙婷婷

国有著作权管理研究

叶文芳 丁 一 顾湘媛 编著

出版发行：	知识产权出版社有限责任公司	**网　　址**：	http：//www. ipph. cn
社　　址：	北京市海淀区气象路 50 号院	**邮　　编**：	100081
责编电话：	010-82000860 转 8344	**责编邮箱**：	liujiang@ cnipr. com
发行电话：	010-82000860 转 8101/8102	**发行传真**：	010-82000893/82005070/82000270
印　　刷：	北京建宏印刷有限公司	**经　　销**：	新华书店、各大网上书店及相关专业书店
开　　本：	880mm×1230mm　1/32	**印　　张**：	6
版　　次：	2021 年 12 月第 1 版	**印　　次**：	2021 年 12 月第 1 次印刷
字　　数：	148 千字	**定　　价**：	48. 00 元

ISBN 978-7-5130-8001-9

目　录

1 绪 言

数字化和新媒体时代的到来使得作品的复制、传播的方式发生巨大的变化，新媒体利用数字、网络等技术并将其进行系统融合，通过互联网、宽带局域网、无线通信网、卫星等渠道，以及电子计算机、手机、数字电视等终端，向用户提供各种信息或作品。在新媒体语境下，全世界逐渐成为一个网状传播的整体。新媒体技术使得信息、作品内容的复制及传输的速度、成本达到了不可思议的程度。如今，随着4G、5G、物联网等技术走进民众的生活，作品的表现形式及传输方式更趋多样化。数字化技术一方面拓展了生产力发展的空间，另一方面也给传统法律带来诸多新问题。这在著作权保护方面表现得尤为突出，几乎所有的作品通过数字化技术都可以进入网络，信息的传递突破了时间和空间的限制，大大方便了知识和信息的普及与交流。然而，作品的复制与传播变得如此简单与迅捷，传统著作权法对其保护显得力不从心，作品的数字化过程不仅令著作权人无法有效控制作品传播，也让使用数字化作品的组织或个人承担着巨大的侵权风险。

以谷歌数字图书馆计划（Google Books Library Project）为例，虽然谷歌联合创始人兼技术总裁谢尔盖·布林（Sergey Brin）的初衷和宏伟的目标是“让全世界快速共享全世界所有的信息与知识”，因为“即使我们的文化遗产在世界最一流的图书馆保存得完好无损，但是如果不能让人们轻易读到，那也形同虚设”。2004 年 10 月开始的谷歌数字图书馆计划虽然获得了诸如哈佛大学图书馆、纽约公共图书馆、斯坦福大学图书馆、密歇根大学图书馆、牛津大学博德利图书馆等的积极支持和合作，但也因为版权问题遭到来自世界各地的质疑、反对和版权诉讼。截至 2008 年年底，谷歌扫描的 700 万本书中只有 100 万本书是版权过期的作品，其余 600 万本作品存在版权问题。据统计，仅中国就有 570 位权利人的 17922 部作品在未经授权的情况下被谷歌扫描上网。[1] 美国作家协会和美国出版商协会于 2005 年起分别对谷歌提起版权侵权诉讼，2009 年与谷歌达成和解协议，该和解协议的主要内容是：谷歌将出资 1.25 亿美元，其中包括建立非盈利的图书版权注册中立机构的 3450 万美元，该机构由出版商协会和作家协会各任命一半代表负责运营，负责登记那些尚处于保护期但已绝版或找不到权利人的图书，并为这些图书的版权人提供版权费，且今后谷歌数字图书馆计划产生的任何销售、订阅和广告收入都将与该机构按 63% 和 37% 分成，并由它向权利人转付。此外，谷歌针对数百万本已完整扫描的图书，每本向版权人支付 60 美元；向美国作家协会和出版商协会支付律师费；版权人如果不愿意自己的作品被数字化扫描，则可声明退出（“opt-out”）谷歌图书搜索计划。因本案涉及他国版权人的利益，因此于 2011 年被法院否决。值得注意的是，谷歌和解协议允许谷歌使用通过商业渠道无法获得的作品，从此，仍在版权保护期内但无法联系上版权人的“孤儿作品”的数字化使用问题引起了全世界版权界的关注和热议。

谷歌数字图书馆计划使得传统著作权法的基本理论框架下的“先授权，再使用”的版权获取范式在数字化时代面临巨大的挑战，不遵守该原则会被视为侵权，权利使用者只能放弃使用，但放弃使用会造成承载优秀文化的大量作品消失在网络构

---

[1] 谷歌涉嫌大范围侵权中文图书 面临中国权利人指控［EB/OL］.（2009－10－14）［2021－09－25］. https：//www.chinanews.com/it/it-itxw/news/2009/10－14/1909914.shtml.

建下的知识世界。因此，各国在坚持著作权法保护的前提下都在探索、建立著作权的数字时代的管理模式，保证作品被有效利用和传播，以促进产业的发展和文化的繁荣。自2006年起，世界各国都在调整、修订本国的著作权法或者出台相应的著作权法案，加强著作权的保护以及“无法确定版权人身份”的“孤儿作品”数字化使用方式和立法革新。2020年10月29日，中国共产党第十九届中央委员会第五次全体会议审议通过《中共中央关于制定国民经济和社会发展第十四个五年规划和二〇三五年远景目标的建议》，“十四五”规划对未来五年的知识产权工作作出了明确部署，相关内容是历次规划中最多的一次。尤其是在创新驱动发展篇中，将“健全知识产权保护运用体制”单独作为一节，表明了知识产权对社会发展的重要性。这使有关“孤儿作品”的问题在未来将会得到进一步的解决。

无论是无法联系到权利人的“孤儿作品”还是“无人继承又无人受遗赠”的“国有著作权”的作品，都是构建人类知识谱库的不可或缺的部分。互联网和数字化使得作品的潜在使用者和权利人之间产生无法联系的矛盾，所以版权产业发达的国家和地区都非常关注“孤儿作品”的保护和使用方式，积极推进孤儿作品的立法。经过近十年的探讨和实践，国内对“孤儿作品”的概念、保护办法日渐明晰，并在《著作权法（修订草案送审稿）》第51条明确引入“孤儿作品”的概念，同时强调了其数字化使用许可模式。我国是世界上为数不多的社会主义国家，除了存在“孤儿作品”的问题外，还存在“国有著作权”管理的问题，然而我国学术界对“国有著作权”的问题一直关注度较低，有学者甚至认为“无人继承又无人受遗赠之著作财产权”属于“孤儿作品”的范畴，《著作权法（修订草案送审稿）》第51条要求“孤儿作品”的具体实施办法，由国务院著作权行政管理部门另行规定。所以，在研究制定“孤儿作品”具体管理办法的同时关注“国有著作权”行政管理办法是非常重要的。

因此，本书旨在明确“国有著作权”的基本概念，厘清“国有著作权”的范围、作品的客体形式，梳理我国立法体系下的“国有著作权”和“孤儿作品”“无主作品”的区别，探讨“国有著作权”管理的模式，为国务院著作权行政管理部门有效地管理、利用“国有著作权”的作品，更好地发挥其市场价值、文化价值提出合理化、可行性的建议。

本书的研究解决了我国学术领域对国有著作权的误读问题，明确“国有著作权”和“孤儿作品”“无主作品”的范围边界，为以后的著作权学术研究打下坚实的理论基础，并基于著作权“二分法”的立法模式和我国的社会体制为著作权“国有”的规定肃清障碍，我国的“国有著作权”恰恰体现了法律的正当性。在研究过程中，本书系统分析目前我国“国有著作权”的典型案例及“国有著作权管理”的现状，对国有著作权管理的主体、管理方式、权利限制、权利救济等问题展开探讨，便于相关部门掌握该问题的现实情况，明确管理路径。

2　孤儿作品与无主作品

2.1 孤儿作品的概念和范围

（1）国外著作权立法语境下的“孤儿作品”

美国《2006年孤儿作品法案》（2006 Orphan Works Act）以及《2008年孤儿作品法案》（2008 Orphan Works Act）将“孤儿作品”界定为那些尚处于版权保护期内，使用者打算以依法征得版权人许可的方式进行使用，虽然经过勤勉的努力寻找，但仍然无法找到其版权人的作品。其同时强调“孤儿作品”的范围既包括权利人不明的作品，也包括权利人确定但其下落不明的作品。美国关于“孤儿作品”的概念被其他国家和地区立法机构接受并采用，如2012年欧盟的《欧洲议会与欧盟理事会关于孤儿作品许可使用特定问题的指令》（以下简称“《孤儿作品指令》”）规定“孤儿作品”是指无法确定权利人，或者即使确定但经过法律规定的有记录的勤勉检索也无法找到权利人的作品。

（2）我国学术语境下的“孤儿作品”

我国学者在探讨“孤儿作品”的概念时，采用了两种标准。第一种标准是将孤儿作品分为“伪称的”孤儿作品、“表见性”孤儿作品和“真正的”孤儿作品。“伪称的”孤儿作品是使用者在没有通过合理的、勤勉的寻找以确认、找到权利人的情况下，自称某作品属于“孤儿作品”。“表见性”孤儿作品或可称“表面的”孤儿作品是使用人通过合理的、勤勉的寻找，无法确定权利人身份与下落的作品，实际上，权利人具有复出的可能。“真正的”孤儿作品是指权利人绝对不会存在的作品，使用人通过合理的、勤勉的寻找，甚至经过多年的追踪，借助特定的法律程序，已经无法确定权利人身份与下落。[1] 在这种分类标准中“伪称的”孤儿作品不属于真正意义上的孤儿作品，“表见性”孤儿作品符合国际上关于“孤儿作品”的讨论范畴，强调使用人应在权利人复出后向其支付合理补偿。而“真正的”孤儿作品在不同的国家有不同的法律规定，或进入公有领域，或将其著作权归于国家或相关组织，即“国有”作品或“国有”著作权（见图2-1）。

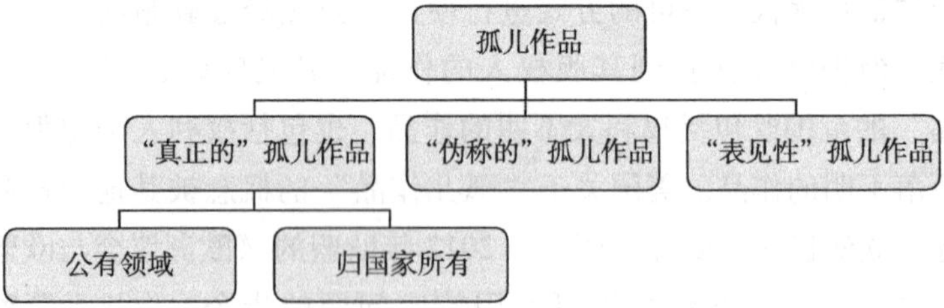

图2-1　我国学术界“孤儿作品”的界定标准之一

第二种标准严格遵循国际立法模式，仅将“孤儿作品”理解为一类仍受著作权法保护的、其著作权人身份不明或著作权人身份确定但无法联系的作品。[2] 这种模式强调著作权人存在，只是通过尽力的查找而无法联系到著作权人的状态，并不包括第一种标准中的“真正的”孤儿作品中无权利人的情况。

---

[1] 周艳敏，宋慧献．关于孤儿作品著作权问题的立法设想［J］．电子知识产权，2011（3）：72-75.

[2] 王迁．“孤儿作品”制度设计简论［J］．中国版权，2013（1）：30-33.

2.2 “无主作品”的概念和范围

在“孤儿作品”的范畴还未达成统一认识的情况下，我国学者或因民法体系中“无主财产”认定的法律渊源，又提出了“无主作品”的表述。关于“无主作品”的概念和界定也存在三种不同的说法。其一是等同说，即“无主作品”就是“孤儿作品”，❶ 肖少启认为“orphan works”根本就不应被翻译成“孤儿作品”，应当直接被翻译成“无主作品”；❷ 其二是区别说，认为“无主作品”并不等同于“孤儿作品”，而仅指“无人继承又无人受遗赠之著作财产权”；❸ 其三是包含说，因为在知识产权领域，有时可能出现知识产品“无主”的现象：如因权利人去世或法人解体而导致没有权利人或找不到权利承继人，或是权利人去世或法人解体而对于谁作为权利继受人产生纠纷尚待明确，或是权利人匿名且该产品长期未为商业性使用，致使权利人难以寻找等。❹

❶ 汤妮燕．我国无主作品著作权保护的司法困惑与破解路径［J］．河北法学，2015（1）：182－190.

❷ 肖少启．我国无主作品著作权保护的路径选择与制度构建［J］．政治与法律，2016（8）：112－125.

❸ 李琛．论无人继承之著作财产权的处理［J］．电子知识产权，2008（1）：10－11.

❹ 刘诚．略论无主知识产品的权利问题［J］．福建江夏学院学报，2012（1）：84－89.

2.3　我国著作权立法模式下的“孤儿作品”和“国有作品”

尽管学术上关于“孤儿作品”与“国有作品”有着不同的理解和界定，但我国的立法对“孤儿作品”和“国有作品”进行了区分。《著作权法（修订草案送审稿）》第51条规定：“著作权保护期未届满的已发表作品，使用者尽力查找其权利人无果，符合下列条件之一的，可以在向国务院著作权行政管理部门指定的机构申请并提存使用费后以数字化形式使用：（一）著作权人身份不明的；（二）著作权人身份确定但无法联系的。”《著作权法》（2020）第21条规定：“著作权属于自然人的，自然人死亡后，其本法第十条第一款第（五）项至第（十七）项规定的权利在本法规定的保护期内，依法转移。著作权属于法人或者非法人组织的，法人或者非法人组织变更、终止后，其本法第十条第一款第（五）项至第（十七）项规定的权利在本法规定的保护期内，由承受其权利义务的法人或者非法人组织享有；没有承受其权利义务的法人或者非法人组织的，由国家享有。”

由此可见，我国的著作权立法实践采用了“孤儿作品”的概念，没有采用“无主作品”的概念，因为“无主”本身就是一个伪命题，该作品谈不到是你的我的他的，如果谈只能借助一个词：公有的。之所以不公有，主要是因为国家授予了它垄断权。所以，著作权不能用“有主、无主”来表述，其对应的是可垄断的、公有的表述。如果说著作权的期限届满了，垄断期届满了，则加给它的公法上的光环就没有了，就会退回到公有领域。[1]

《著作权法（修订草案送审稿）》明确“孤儿作品”为著作权人身份不明的和身份确定但无法取得联系的两类作品。而作者身份明确、“无人继承又无人受遗赠之著作财产权”作品按《民法典》相关规定归国有或集体所有。两类孤儿作品是有着泾渭界限的。虽然“孤儿作品”的权利人也有可能死亡或有原权利单位合并、分立，终止的情况，但这并不代表死亡的权利人无继承人或受遗赠人，也不代表原权利单位无继受单位。如2006年1月美国版权局签发的《美国国会图书馆关于孤儿作品问题的报告》，强调“孤儿作品”这一词语用来描述使用者想以必须经过许可的方式使用某一仍受版权保护的作品、但无法确定版权人身份或找不到版权人的情形。从这一概念看，“孤儿作品”并不是真正的没有“父母”（版权人）的作品。正如美国众议院司法委员会下设的“法院、互联网及知识产权小组委员会”主席霍华德·L. 伯尔曼法官在相关听证会上所说的：“我认为必须纠正这一名不副实的称谓。我们所说的作品并不是孤儿；事实上，我们所面临的特殊情形是当其父母出现时应当怎么描述和解决已经发生的事。对此更为准确的描述可能是无法确定版权人身份的作品。不过为了方便讨论，我们仍以孤儿来形容这种情形。”[2] 可见，最早提出此问题并讨论其立法可能性的美国，一开始就明确了“孤儿作品”实际上是指“无法确定版权人身份的作品”，而非“无版权人的作品”。

---

[1] 《我的前半生》著作权学术研讨会，2008年。

[2] 管育鹰．欧美孤儿作品问题解决方案的反思与比较——兼论我国《著作权法》相关条款的修改［J］．河北法学，2013（6）：135－142.

而我国《著作权法》规定的“无人继承又无人受遗赠的作品”恰恰属于“无版权人的作品”，所以《著作权法》将其归为“国有”。也就是说我国立法肯定了学术界“第二种标准”的“孤儿作品”的界定范畴，将“孤儿作品”与“无人继承又无人受遗赠”的作品进行明确区分的做法才是正确的，符合国际标准的。

2.4 国外对孤儿作品保护的立法实践

2.4.1 美国数字时代的著作权立法及“孤儿作品”法案

美国一直都是数字化技术和网络方面的领头军，同时又是知识产权大国，在立法方面，也走在世界的前列。1995 年 9 月，美国国会发表《知识产权与国家信息基础设施：知识产权工作组的报告》（*Intellectual Property and the National Information Infrastructure: The Report of the Working Group on Intellectual Property Rights*，1995，以下简称“《白皮书》”），该报告从法律、技术及教育等方向着手就数字时代对现行知识产权法律制度造成的冲击进行研究，并提出修改著作权法条文、付诸实施的建议。这部《白皮书》是美国有关网络知识产权问题的法律基础，之后的讨论和司法建议都是在此基础上进行的。在著作权方面，《白皮书》涉及作品的临时复制、网络上文件的传输、数字出版发行、作品合理使用范围的重新定义、数据库的保护等内容。1996 年 12 月，世界知识产权组织（World Intellectual Property Organization，WIPO）通过《世界知识产权组织版权条约》(World Intellectual Property Orgnization Copyright Treaty, WCT)、《世界知识产权组织表演和录音制品条约》(WIPO Performances and Phonograms Treaty, WPPT),试图在国际范围指导、解决因国际互联网蓬勃发展而引起的著作权问题。为了将1996年世界知识产权组织通过的以上两项著作权条约纳入美国的著作权法,美国于1998年10月颁布《数字千禧版权法》(Digital Millennium Copyright Act of 1998, DMCA)。DMCA明确了网络服务提供商(ISP)的侵权责任认定问题以保护著作权人的权益。该法案随后每三年修订一次,2015年10月进行了第六次修订,确定"DMCA禁止规避技术措施之例外规定"。

在解决"孤儿作品"方面,秉承判例法传统的美国法官宣称"关于委托谁对孤儿作品进行监护,以及相关的条件、措施等,由国会立法来确定比利害当事人之间的私人协议更恰当。国会一直致力于颁布'孤儿作品'问题的立法议案,所以应由国会而不是法院来解决这个问题"。[1] 可见谷歌和解协议中的"孤儿作品"解决方案已经触动了美国版权法的根基,即不再是对已有法律规则的阐释而是属于新法律规则的设置问题了。事实上,几乎与谷歌案进入诉讼程序的同时,美国版权局也开始了孤儿作品问题的立法讨论,尝试在立法上明确一定的规则,平衡像谷歌这样的使用者与权利人之间的关系,以使更多普通公众获得平常难以获得的作品,充分发挥法律鼓励文化传播的作用。2006年1月,美国版权局签发《美国国会图书馆关于孤儿作品问题的报告》,报告确定了孤儿作品的概念,给出关于解决孤儿作品使用的议案,并根据该报告草拟了《2006年孤儿

---

[1] 管育鹰. 欧美孤儿作品问题解决方案的反思与比较——兼论我国《著作权法》相关条款的修改[J]. 河北法学, 2013(6): 135-142.

作品法案》，提交众议院审议。由于种种原因，该法案并没有获得通过。2008 年，美国版权局再次提交了一份经过修改的议案《2008 年孤儿作品法案》，因争议太大仍未获通过。但是，美国关于“孤儿作品”的思考为世界其他国家的立法奠定了基础。

2013 年，美国导演詹妮弗·纳尔逊（Jennifer Nelson）在录制《生日快乐歌》（*happy birthday to you*）的纪录片时，向华纳支付了 1500 美元的执照费。但在拍摄时，纳尔逊提起诉讼，请求法院判定这首歌属于公共领域，并寻求集体诉讼以迫使华纳返还它已经收取的数百万美元版税。1935 年，被告华纳公司获得了《生日快乐歌》的钢琴谱，华纳坚称其同样拥有《生日快乐歌》的版权，并于 1935 年进行了版权登记，且根据美国版权法的规定，著作权保护期限至作者死后 70 年，比《伯尔尼公约》规定的国际惯例多 20 年，若作品是集体创作或是 1978 年 1 月 1 日以前发表，版权则保持 75 ~ 95 年，所以，华纳公司认为在 2030 年之前对《生日快乐歌》享有版权。但原告纳尔逊提出，“生日快乐歌”在 1922 年的一本歌曲书中就已被发现，且并未标注任何版权声明以及版权信息，且出版时间也符合新版权法，即“1923 年以前发表的作品均属公有领域”的规定。因此，原告认为，《生日快乐歌》在被华纳公司注册版权之前就已处于公共领域，并且歌词的版权权利人已不明或者处于未知状态，应认定其为“孤儿作品”，诉请美国联邦法院判令华纳公司不再享有该歌曲之歌词版权。此纠纷案持续了两年，2015 年 9 月 22 日，洛杉矶联邦法院最终判定：华纳公司从来就没有拥有《生日快乐歌》歌词的版权，并且华纳将归还千万美元的版权费，该歌曲由此进入公有领域。2017 年，《生日快乐歌》也被欧洲认定为公有领域的作品。

2.4.2 英国“孤儿作品”的合理使用

随着近年来数字化的迅猛发展，英国也相继修订和出台了一系列法律制度以应对数字环境下版权保护出现的新问题。除了《版权、设计和专利法》(Copyright，Designs and Patents ACT)之外，英国关于数字版权法律还有 1997 年的《数据库版权与权利条例》(Database Copyright and Powers Regulations)、2003 年的《隐私和电子通信条例》(Regulation on Privacy and Electronic Communications) 及 2010 年的《数字经济法》(Digital Economy Bill) 等，这些法案基本构成了英国的信息技术版权保护的完整体系。然而英国版权法律体系中有关版权例外制度的规定过于严苛，无法适应数字化发展的需要。2010 年开始执政的卡梅伦政府主张改革版权制度，并委托伊恩·哈格里夫斯等学者对英国版权法中的版权例外制度进行研究，以期通过拓宽版权例外情形来促进英国版权产业的发展。为了营造一个促进版权产业不断壮大、平衡与可持续发展的社会环境，英国政府于 2011 年 12 月提出改革版权体系意见的咨询案。2014 年年初，英国版权局向议会提交的版权法修改议案，主要涉及对 9 项版权例外规则的修订，政府希望适当增加一些版权例外情形来满足数字时代背景下人们对作品利用的多样化需求。[1]

[1] 胡开忠，赵加兵．英国版权例外制度的最新修订及启示［J］．知识产权，2014 (8)：73 -78.

另外，英国立法机关审议《数字经济法案2010》时因各方存在争议，该法案于2010年4月匆忙通过时，有关“孤儿作品”的条款没能获准。2013年，英国政府通过《企业和管理改革法案》（Enterprise and Regulatory），其第116条A款允许企业商业利用所谓的“孤儿作品”（Power to provide for licensing of orphan works）。由于互联网上的大多数数字图像都属于元数据缺失或被删除的“孤儿作品”，所以必须明确“孤儿作品”使用的授权机制，英国立法授权英国知识产权局担任未知权利人的角色，来允许在著作权法的框架内解决孤儿作品的合理使用问题。在特定时期，英国知识产权局可以处理孤儿作品使用的申请，确定用户必须支付的许可费，授予许可证，然后获取未知权利人应获得的费用。

2.4.3 欧盟对“孤儿作品”保护的立法实践

欧洲为了促进在线提供欧洲丰富的文化科学遗产的、庞大的数字图书馆计划，也面临孤儿作品的版权问题。为了制定一套简易的授权机制，并建立欧洲各国针对孤儿作品通用的认定标准，欧盟在“欧洲数字内容计划”（E-Content plus Program）架构下，于2008年11月开始实施“版权信息与孤儿作品登记”（Accessible Registries of Rights Information and Orphan Works, ARROW）项目，希望通过各国图书馆、版权集体管理组织、出版商之间的合作整合欧洲境内不同的权利登记机制，共同开发出一套适用于全欧洲的权利登记系统，清楚地揭示欧洲境内各种作品的权利状态，促使数字馆藏的授权可以在透明且价格合理的机制下进行，同时确保版权人可以得到适当的报酬。[1] 在ARROW计划的基础上，经过多次讨论和听证，2011年5月24日，欧盟委员会提出了《关于欧洲议会和欧盟理事会通过允许适当使用孤儿作品指令的提案》；2012年9月20日，欧盟颁布《欧洲议会与欧盟理事会关于孤儿作品许可使用特定问题的指令》。同时匈牙利也积极响应欧盟计划，遵照欧盟委员会建议，于2008年12月完成著作权法修改，增加第57/A条，专门对孤儿作品问题做出规定。

除此之外，欧盟委员会也出台了版权法改革提案，推进欧盟版权制度的革新以适应数字时代的发展。2019年3月26日，在长达两年多的磋商与谈判后，新的《数字化单一市场版权指令》在欧洲议会通过，新指令为数字时代的创造力提供了更有力的保护。

2.4.4 日本、韩国、加拿大对“孤儿作品”保护的立法实践

日本作为世界上知识产权保护最为严苛的国家之一，早在1899年便开始探索解决“孤儿作品”问题的最佳路径。现行《日本著作权法》第67条有关孤儿作品裁定制度的规定，就是从旧著作权法（明治32年3月4日法律第39号）的第27条发展而来。旧法规定孤儿作品的裁定制度为：“使用者因著作权人住处不明等其他理由，而无法和著作权人取得联系并协商时，

[1] 蹇瑞卿，于佳亮，马炳和．探寻孤儿作品版权问题的解决之道——欧洲ARROW项目的实践与启示［J］．图书馆建设，2011（10）：37－40.

在依法向文化厅长官提存补偿金后，即可使用此作品。”1970年，日本对著作权法进行了全面修改，将孤儿作品裁定制度的内容定为第67条：“已发表的作品或一定期间内提供给公众的事实已明确的作品，因著作权人不明及其他理由，虽付出相当努力但仍未能与著作权人取得联系时，经文化厅长官裁决，并为著作权人寄存文化厅长官规定的相当于通常使用费数额的补偿金后，方可通过与该裁决有关的方法使用该著作物”，即规定了强制许可的保护模式。2006年，为促进文化事业的发展，日本对其《著作权法》第67条中提及的“相当努力”做出了规定，但是在实践操作上仍旧存在弊端；于是在2009年，在政令修改中以《日本著作权法施行令》第7条之7具体明确了3项“相当努力”查找权利人的措施，并将补偿金增减之诉中的提起诉讼期限变更为6个月。但是，随着数字时代的到来，孤儿作品的裁定制度逐渐难以适应科技发展的需求。[1] 2000年，东京国立现代美术馆胶片中心准备把1917～1945年收藏的约100部动画电影进行数字化加工，并向社会读者公开，但是在查找作品的著作权人时发现，在40名潜在的权利人中有24人已无法确认信息，因此，这些无法确认信息的权利人所创作的作品只能被认定为孤儿作品。为有效应对数字时代带来的变化，日本于2007年建立意思表示系统，如CLIP系统、CC协议（知识共享协议），指在未经权利人许可的情况下，只要按照权利人事先声明的条件就能自由使用作品。根据相关资料显示，自系统建立至2010年，CC协议普及率达到了以往的3倍，有效减少了寻找作品权利人的时间和费用，降低了孤儿作品的数量。

---

[1] 李芊．数字时代日本孤儿作品裁定制度的变革与借鉴［J］．法制与社会，2015（3）：34－35.

2009年，日本设立由音乐事业者协会、音乐制作者联盟等组成的日本影像内容权利处理机构，建立、更新权利者信息数据库并通过权利的集中管理处理相关事务，提高了搜索孤儿作品权利人的效率。2014年5月14日，日本对著作权法进行了最新修订，在第67条规定了有关孤儿作品利用状态、申请内容和裁定程序等内容的一般条款。

> 2008年，日本高等法院审理了黑泽明作品侵权案，案件围绕黑泽明指导的《姿三四郎》作品的使用时间问题，产生了关于版权保护期的纠纷。高等法院的判决认为，“黑泽明导演是这部影片的作者，因为影片由导演拍摄完成，他是对影片具有创作性与完整性贡献的自然人，故可认定其为作品的作者之一；按照著作权法的规定，作品的版权保护期为作者（黑泽明）去世的第二年算起，即1999年，版权保护期应截至2036年，而现在是2008年，因此该作品仍受版权保护，该影片不属于孤儿作品，也不能算公共产品”。

相比其他国家，韩国与日本一样并没有针对孤儿作品问题进行专门立法，而是通过对现行著作权法进行引申使用，来解决孤儿作品的相关问题。韩国近代较为完整的知识产权保护法律体系建立于20世纪五六十年代。1957年，韩国政府初次制定并颁布著作权法，其主要内容来源于《日本著作权法》，并在1986年12月31日进行了全面修订，加强了版权保护。同时，为了适应经济发展和国际交流的需要，在1990年全文修订了《韩国商标法》《韩国特许法》，以加强对不法侵权行为的打击。1996年，世界知识产权组织制定《世界知识产权组织版权条约》《世界知识产权组织表演和录音制品条约》后，韩国于

2000年1月12日又重新修订了《著作权法》和《计算机程序保护法》，不断加强知识产权的保护工作，扩大和调整了知识产权的保护范围，并于2004年由韩国国务调整室牵头成立“知识产权保护政策协议会”，以更好地应对数字时代带来的变化。

《韩国著作权法》第50条将孤儿作品界定为根据大总统令规定的标准作出相当努力仍旧无法找到已经发表的作品（外国人除外）的著作权人或其住所的作品。2008年，韩国将孤儿作品的法定许可制度定为《韩国著作权法》第50条第1款：如果根据大总统令规定的标准作出合理努力后，仍然无法获得已发表作品的著作权人或其住所，可以根据大总统令并得到文化体育观光部长官的批准，交存一定的补偿金后利用作品。同时，第47条规定：申请人经过合理努力后，仍然无法确定作者，经文化旅游部颁布总统法令，可利用该作品，但申请人须缴纳定额补偿金。在使用作品的时候，利用者需要标明自己是在行政机关批准下进行的使用，并注明批准的时间。由此可见韩国立法的独到之处在于对于尚未出版发行的作品的著作权相关问题也做出了具体的规定，既有利于维护作者的合法权益也有利于提高作者创作作品的积极性和创造力，但私人与公共之间的利益还有待平衡。[1] 此外，韩国版权委员会（KCC）为孤儿作品提供了信息登记服务，孤儿作品可以在网站上进行登记公示，KCC会每月收集登记情况，制作成数据库，为想要使用孤儿作品的申请人提供便利。

面对孤儿作品的授权使用问题，部分国家会采取强制许可模式，典型代表国家为加拿大。1924年，《加拿大版权法》正式生效，在之后几十年里进行了多次修正，但直到1988年《加

---

[1] 罗田田．孤儿作品著作权问题［D］．合肥：安徽大学，2013.

拿大版权法》才有了现代化的变革。2010 年 6 月，为适应科学技术的进步，加快知识产品的传播和文化事业的发展，加拿大政府提出了版权改革法案 C－32，对加拿大现行版权法进行了彻底改革。其中，加拿大孤儿作品制度依据 1988 年《加拿大版权法》第 77 条建立，即“属于无法确定作者的作品，委员会在申请人尽到相当努力后仍无法确定版权人之情形下，委员会可授予其使用该作品”。1985 年，加拿大通过的《加拿大版权法》（Copyright Act of Canada，1985）第 77 条规定：“如果申请使用人经过相当程度的合理查找仍无法寻找到已出版作品的版权人，则版权委员会（Copyright Board of Canada）可以授权申请使用人获得对该作品的使用许可，同时，版税和其他许可条件由版权委员会来确定，收取的版税将暂存在一个专门的基金中，若版权权利人复出，则其需在作品许可使用期限届满的 5 年内请求版税补偿，版权人可以向版权委员会主张补偿其版税，也可以直接向法院提起侵权诉讼。”

2012 年 6 月，加拿大通过了对著作权法的修改，并在之前法案的基础上，扩大了有关孤儿作品问题解决方案的适用范围，同时，相较最初的立法，日本、加拿大在近年的立法都细化了前置程序和公告程序，两者都体现了利用孤儿作品的前置程序设计的严密性和可操作性。[1] 但是，《加拿大版权法》并未对“合理努力查找”作出具体界定，版权委员会也未行使该法第 77（4）条授予的行政立法权，而是制定了《孤儿作品强制许可手册》，向公众解释基础法律问题，就查找方法提供了原则性建议。然而，高昂的交易成本、低效率的运行以及程序上的

[1] 王本欣．孤儿作品利用强制许可模式的通用性与差异性——以日本和加拿大著作权法为例［J］．图书馆论坛，2016，36（6）：50－56.

烦琐，让强制许可模式的实际运行状况并没有达到预期的效果[1]，自1990年第一起关于孤儿作品的许可案例起，至2020年9月，只有348起关于孤儿作品的许可案件。

2.5 我国对孤儿作品保护的立法实践

为了适应数字化和新媒体的变革，促进版权产业的发展，我国也制定出台了一系列与知识产权相关的国家战略和法律规范。2014年12月10日，国务院办公厅发布《深入实施国家知识产权战略行动计划（2014～2020年）》（以下简称"《行动计划》"）。《行动计划》的主要目标是，到2020年，知识产权法治环境更加完善，创造、运用、保护和管理知识产权的能力显著增强，知识产权意识深入人心，知识产权制度对经济发展、文化繁荣和社会建设的促进作用充分显现。《行动计划》要求推动专利法、著作权法及配套法规修订工作，建立、健全知识产权保护长效机制，加大对侵权行为的惩处力度，适时做好遗传资源、传统知识、民间文艺和地理标志等方面的立法工作。2015年12月22日，国务院发布《关于新形势下加快知识产权强国建设的若干意见》（以下简称"《意见》"）。该《意见》明确：深入实施国家知识产权战略，深化知识产权重点领域改革，实行更加严格的知识产权保护，促进新技术、新产业、新业态蓬勃发展，提升产业国际化发展水平，保障和激励大众创业、万众创新。该《意见》的出台，将版权强国建设提上日程，明确要求加强互联网、电子商务、大数据等领域的知识产权保护

[1] 魏瑶. 孤儿作品著作权保护问题研究［D］. 南京：南京理工大学，2018.

规则研究，推动完善相关法律法规。为了适应《行动计划》和《意见》的要求，加大著作权的保护力度，国家版权局于2015年又先后出台《关于规范网络转载版权秩序的通知》《关于责令网络音乐服务商停止未经授权传播音乐作品的通知》《关于规范网盘服务版权秩序的通知》等一系列法律文件，规范网络著作权的使用行为。

与此同时，我国于2011年开始启动《著作权法》的第三次修订工作，历经三年的讨论，于2014年形成《著作权法（修订草案送审稿）》（以下简称“《送审稿》”）。《送审稿》采用了“孤儿作品”的保护和使用办法，但对“国有著作权”的具体管理机构和管理办法没有任何实质性的突破。我国《著作权法》明确规定法人的“无人继受”之著作财产权归国家所有，然而《著作权法》中并没有明确“国有著作权”管理及权利的行使单位，使得打算使用“国有著作权”作品的潜在使用者仍然没有办法获得国家的授权许可。以图书馆或数字出版单位为例，它们在大规模数字化相关图书、文章时，面临不敢使用或未经授权直接使用两难局面：不敢使用会造成优秀作品的流失；未经授权直接使用面临侵权赔偿的潜在危险。除了数字化使用作品形式外，我国的版权产业发展迅速，2015年被视为IP元年，文学艺术领域版权价值迅速提升，文学作品、影视剧、网游等全版权产业链的开发使得作品的授权机制更加复杂。所以，对“国有著作权”的研究亟须加强，以明确“无人继承又无人受遗赠之著作财产权”的权利归属，清晰授权机制，使优秀文化作品进入文化娱乐市场。

另外，2016年11月29日，最高人民法院发布《最高人民法院关于充分发挥审判职能作用切实加强产权司法保护的意见》和《最高人民法院关于依法妥善处理历史形成的产权案件工作实施意见》。我国产权保护仍然存在一些薄弱环节和问题：国有产权由于所有者和代理人关系不够清晰，存在内部人控制、关联交易等导致国有资产流失的问题；知识产权保护不力，侵权易发、多发。要解决这些问题，必须加快完善产权保护制度，依法有效保护各种所有制经济组织和公民财产权，增强人民群众财产财富安全感，增强社会信心，形成良好预期，增强各类经济主体创业、创新动力，维护社会公平正义，保持经济社会持续、健康发展和国家的长治久安。《最高人民法院关于依法妥善处理历史形成的产权案件工作实施意见》的出台对“国有著作权”的归属和保护问题更是提出了新的要求和新的目标。

3　国有著作权的概念、范围和客体

3.1 国有著作权的概念

3.1.1 “国有著作财产权”与“集体著作财产权”

我国《著作权法》仅规定了由法人享有著作权的作品在没有权利义务承受人时归国家，而对于自然人无人继承又无人受遗赠的著作财产权，则没有明确的规定。按照我国《民法典》第1160条规定，无人继承又无人受遗赠的遗产，归国家所有，用于公益事业；死者生前是集体所有制组织成员的，归所在集体所有制组织所有。因此，自然人的“无人继承又无人受遗赠之著作财产权”作为一种遗产，可能归“国家”所有，也有可能归“集体”所有。所以在目前中国的立法语境下，不仅有“国有著作财产权”的概念，还有“集体著作财产权”的概念。

3.1.2 公民或法人赠予国家的著作财产权

研究国有著作财产权的概念时，除了聚焦法律规定的“国有”情况，还应关注一些特殊情况，如著作权人主动将作品赠予国家，由国家行使其作品的著作财产权。黄镇的《长征画集》著作权捐赠是我国《著作权法》实施以后首个个人将著作权捐赠给国家的实例，也开启了“国有著作权”的新篇章。

2014年，原中央顾问委员会常委、文化部原部长、杰出的外交家、艺术家黄镇的遗孀朱霖老人主动要求将《长征画集》

的著作权上交党和国家，由有关主管部门保存、利用。黄镇在长征途中创作了数百幅速写漫画，但因为战争的客观原因，只有极少数得以保存，最集中的体现是《长征画集》。《长征画集》原名《西行漫画》，于1938年由上海风雨书屋编辑出版，刊行2000册，包括黄镇在长征途中用炭笔素描的《夜行军中的老英雄》《过湘江》《遵义大捷》等24幅反映长征的绘画作品。1958年，《西行漫画》由人民美术出版社正式出版。1962年，人民美术出版社再度精印该画册，由黄镇定名为《长征画集》并亲笔题写书名。该画册于1962～1986年再版4次，并出版过英、法、日等外文版。国家版权局在充分尊重朱霖等著作权继承人意愿的基础上，依照《著作权法》《继承法》等相关法律规定，促成朱霖和其他著作权权利人捐赠意愿达成一致，并履行了相关捐赠手续。根据捐赠人的意愿及《著作权法》相关规定，国家版权局将《长征画集》的全部著作财产权交由中央文献研究室全权负责管理和行使。

综上所述，国有著作权是指由国家依据《著作权法》和《民法典》的规定所享有的某些特殊作品的著作财产权。

3.2　国有著作权的范围

"国有著作权"的范围应包括如下五种：

（1）"非集体所有制"成员的自然人死亡且无继承人和受遗赠人的保护期限尚未届满的著作财产权，包括有继承人或受遗赠人但继承人或受遗赠人宣布放弃继承或遗赠的情况以及继承人不适格被取消继承权的情况；

（2）法人、其他组织终止且无权利、义务承受人的保护期限尚未届满的著作财产权；

（3）公民、法人或其他组织主动赠予国家的保护期限尚未届满的著作财产权；

（4）公民通过遗赠协议主动赠予国家的著作财产权；

（5）国家依法通过其他方式取得的著作财产权。

3.3 国有著作权的客体

国有著作权的保护客体应当遵循我国《著作权法》的立法宗旨，即保护文学、艺术和科学作品作者的著作权。我国《著作权法》（2020）第3条规定："本法所称的作品，是指文学、艺术和科学领域内具有独创性并能以一定形式表现的智力成果，包括：（一）文字作品；（二）口述作品；（三）音乐、戏剧、曲艺、舞蹈、杂技艺术作品；（四）美术、建筑作品；（五）摄影作品；（六）视听作品；（七）工程设计图、产品设计图、地图、示意图等图形作品和模型作品；（八）计算机软件；（九）符合作品特征的其他智力成果。"在目前来看，国有著作权的客体以文字作品、美术作品、摄影作品居多。

4　国有著作权研究现状

4.1 国有著作权的法律规定

我国《著作权法》(2020) 第21条规定:“著作权属于自然人的,自然人死亡后,其本法第十条第一款第(五)项至第(十七)项规定的权利在本法规定的保护期内,依法转移。著作权属于法人或者非法人组织的,法人或者非法人组织变更、终止后,其本法第十条第一款第(五)项至第(十七)项规定的权利在本法规定的保护期内,由承受其权利义务的法人或者非法人组织享有;没有承受其权利义务的法人或者非法人组织的,由国家享有。”

《著作权法实施条例》第15条规定:“作者死亡后,其著作权中的署名权、修改权和保护作品完整权由作者的继承人或者受遗赠人保护。著作权无人继承又无人受遗赠的,其署名权、修改权和保护作品完整权由著作权行政管理部门保护。”第16条规定:“国家享有著作权的作品的使用,由国务院著作权行政管理部门管理。”第17条规定:“作者生前未发表的作品,如果作者未明确表示不发表,作者死亡后五十年内,其发表权可由继承人或者受遗赠人行使;没有继承人又无人受遗赠的,由原件的所有人行使。”

4.2 国有著作权的司法实践

迄今为止,国内最有影响力的和唯一的一起“无人继承又无人受遗赠之著作财产权”纠纷就是溥仪的《我的前半生》著作权继承案件，这场著作权官司可谓是中国历时最长、最具代表性的著作权纠纷案。该纠纷涉及两个著作权纠纷案件：第一个是被称为“天字一号”的著作权权属纠纷；第二个则是著作财产权继承纠纷。

4.2.1 《我的前半生》著作权权属纠纷

溥仪在东北抚顺战犯管理所服刑时，由其口述，其弟溥杰执笔，写过一份题为《我的前半生》的自传体悔罪材料。后李文达受公安部领导及部属的群众出版社领导指派，帮助溥仪进行修改。溥仪回忆、口述、提供材料，李文达执笔。1964 年 3 月，群众出版社正式出版《我的前半生》一书。溥仪于 1967 年去世。1984 年，为与意大利以及我国香港新昆仑营业有限公司改编、拍摄《我的前半生》，溥仪的妻子李淑贤、李文达、群众出版社对其著作权的归属产生争议，李淑贤认为溥仪是该书的唯一作者，她是该书的著作权继承人。1985 年 3 月 5 日，群众出版社的主管单位公安部致函文化部，询问《我的前半生》版权归属问题。1985 年 11 月 4 日，国家版权局答复公安部，做出“《我的前半生》一书是溥仪和李文达合作创作的，他们之间的关系不是作者与编辑的关系，而是合作作者的关系”的批示。1987 年 6 月，李淑贤以李文达侵害溥仪《我的前半生》一书著作权为由向北京市中级人民法院起诉，要求确认溥仪是该书唯一作者，李淑贤是该书著作权（财产权）的合法继承人。但北京市中级人民法院以该纠纷已经国家版权局处理为由，不予受理。1987 年 12 月，李淑贤向最高人民法院申诉。1989 年 4 月 25 日，北京市中级人民法院正式受理李淑贤诉李文达《我的前半生》著作权权属纠纷案。1990 年 2 月 27 日，北京市中级人民法院组成合议庭公开审理该案。1995 年 1 月 26 日，北京市中级人民法院作出一审判决，认定溥仪为《我的前半生》一书的唯一作者，并享有该书的著作权。

4.2.2 《我的前半生》著作财产权继承纠纷

1997 年，溥仪的妻子李淑贤去世。2006 年年底，群众出版社推出《我的前半生（全本)》。2007 年，由于种种原因，溥仪的胞弟溥任将其著作权转交给同心出版社，从而引发群众出版社的不满。群众出版社认为溥任没有授权资格，并向北京市西城区人民法院提出“无主财产”的申请。西城区人民法院受理申请后，于 2007 年 9 月 25 日，依照特别程序规定，在《人民法院报》发出“财产认领公告”，表明自公告之日起 1 年内如果无人认领，将依法判决。2008 年 8 月 22 日，溥仪侄女金霭玲到西城区人民法院申请认领《我的前半生》一书著作权。该特别程序因此终结，进入法院审理阶段。经过长达一年的庭审调查，法院认为《我的前半生》一书著作权已经法院生效判决确认归溥仪所有。李淑贤作为溥仪的妻子及唯一法定继承人，生前未对该书的著作财产权进行处分，李淑贤去世后也没有继承人。金霭玲并不是李淑贤的遗产继承人，其以群众出版社为被告提起诉讼，要求确认《我的前半生》著作财产权归其所有，于法无据。法院驳回金霭玲的起诉。

4.2.3 案件争议的焦点

关于《我的前半生》著作权的继承问题，学界对此也有诸多争议，主要形成三种观点：第一种观点认为《我的前半生》的著作财产权应当归溥任。因为溥任和溥仪有血缘关系，有优先继承的资格。该观点认为著作权继承是财产继承的一部分，溥任作为其财产的第二顺序继承人，在第一继承人李淑贤去世，且该书尚在著作权保护期限之内，溥任应享有该书著作权的继承权。第二种观点认为该案件应直接适用我国《著作权法》和《继承法》（现《民法典》）的相关规定：无人继承又无人受遗赠的遗产，归国家所有。李淑贤作为溥仪的妻子及唯一法定继承人（第一顺序继承人），生前未对该书的著作财产权进行处分，李淑贤去世后也没有继承人，属于我国著作权法规定的归国家所有的情况。第三种观点认为《我的前半生》应当进入公有领域。

4.3 国有著作权的立法实践

由于《我的前半生》著作权继承的纠纷产生较大的争议，2008年2月15日，依照《继承法》第32条和《著作权法》（2001年修订版）第19条，国家版权局主持召开《国有著作权管理办法（草案）》征求意见会。全国人大法工委、国务院法制办、公安部、财政部、新闻出版总署、国资委、最高人民法院等部门的代表和来自北京大学、中国人民大学、中国社会科学院的法律专家共20余人在会上就《国有著作权管理办法（草案）》中涉及的“国有著作权的范围”“国有著作权取得的时间”“如何规定国有著作权的登记和公告”等问题进行讨论，并围绕《我的前半生》案件的解决途径各抒己见，国家版权局相关领导表示依照《继承法》第32条和2001年《著作权法》第19条规定而起草的《国有著作权管理办法（草案）》，主要是为解决类似《我的前半生》纠纷案提供明确依据。但是，由于“国有著作权”的归属和管理办法的分歧较大，所以该《办法》并没有出台。

4.4 国有著作权学术研讨

2007年11月23日，由中国版权协会学术委员会、中国新闻出版报社、中国出版杂志社、中国人民大学知识产权教学与研究中心主办的“《我的前半生》著作权问题学术研讨会”在中国人民大学召开。该研讨会围绕著作权中的财产权的继承问题、无主财产能否归国家所有以及有效的解决方案三个方面展开探讨。

在溥仪《我的前半生》的继承权的问题上，专家学者的观点基本一致：溥仪《我的前半生》的著作财产权已经由李淑贤继承，李淑贤去世前没有遗嘱的处分和法定继承人，著作权的财产权继承问题到李淑贤为止，《继承法》已经给出相关的规则。如中国人民大学李琛表示，《我的前半生》的著作财产权继承的范围和顺序，没有理由应该特殊处理。

关于“无人继承又无人受遗赠之著作财产权”的归属问题，专家学者的分歧就比较大，很多学者都支持“无人继承又无人受遗赠之著作财产权”应当进入公有领域。中国政法大学张俊浩认为，虽然给予著作权民法上财产权的地位，但其本质上是垄断权。既然是垄断权，就不是自然而然地发育出来的，一定是国家的资源分配机关给它的命令，让它垄断才能垄断，所以它才有了一个期限，设定这个期限主要是要解决一个供养问题。作者的遗孀、直系亲属，或者“他的法定继承人”需要死去的著作权的作者来供养，有这样的供养人，这个期限就存在，如果这样的人没有了，作品就应该回到公有领域。李琛也认为“无人继承又无人受遗赠之著作财产权”应进入公有领域，以体现社会公共利益。中国人民大学金海军也强调作品在法律上没有继承人来主张权利时就应进入公有领域，任何人都可以来使用。著作权立法时之所以确定保护期限，主要源于《伯尔尼公约》的理念，即作者的有生之年要使他从中受益以及保证他的后两代人还可以从中获益。在《我的前半生》著作这样的情况下，作者溥仪已经没有第一顺序和第二顺序的继承人，有没有必要在剩下的时间内给他这些权利，是值得考虑的。金海军认为要考虑知识产权的特性，它是有别于个体财产的特性，这是有别于公共领域存在的，无论是在著作权还是知识产权方面，都起到了一个重要的作用。我们不能只强调产权，而忽略了这些知识还有一个公共领域的存在。《我的前半生》这个案件要落在公共领域。中国人民大学张永谈主张“无人继承又无人受遗赠之著作财产权”归国家所有是公权利和私权利冲突的问题。刘春田也支持“无人继承又无人受遗赠之著作财产权”应进入公有领域，因为著作权和物权确有不同之处，为发挥它的社会功能，不宜归国家所有。“知识产权中的知识，要想变成财产，需要人追加劳动。如果回到公有，谁愿意追加劳动、人力、物力去传播，谁就做这个事。归国家后变成某一个出版社拿到赚钱的权利，则又变成私权。”所以刘春田建议“让作品直接进入公共领域”。

最高人民法院罗东川认为，将“无人继承又无人受遗赠之著作财产权”收归国家所有，并不是国家行使公权利。《继承法》规定，在没有人继承和受遗赠的情况下，收归国家所有。国家也是作为民事权利主体而不是公权利的主体。[1]

4.5 与“国有著作权”相关的学术研究

由于受到群众出版社申请法院认定溥仪所著《我的前半生》一书为无主财产的影响，加上“《我的前半生》著作权问题学术研讨会”对“无人继承又无人受遗赠之著作财产权”归“国有”还是进入“公共领域”的分歧较大，所以国内学者在关注“国有著作权”问题时，便冠之“无主著作财产权”之名，再加上2008年前后正是国外版权法领域探讨“孤儿作品”保护和使用问题的高峰阶段，“孤儿作品”恰恰又呈现出无法找到或无法联系到著作权人的表征，处在类似“无主”状态，使得有的学者将“无人继承又无人受遗赠之著作财产权”的探讨归纳到了“孤儿”或“无主”作品的探讨中。

本书作者以“国有著作权”“无主作品”“孤儿作品”为关键词，搜集中国知网相关文献197篇，对其研究重点和研究偏向进行文本分析，发现我国“国有著作权”的学术研究大致经历了起步、发展和反思三个阶段。

---

[1] 《〈我的前半生〉著作权问题学术研讨会摘编》，2008年。

4.5.1 “国有著作权”研究的起步阶段

该阶段时间起点为2007年，终点为2008年，主要围绕《我的前半生》著作权归属问题展开研究。

由于受到溥仪《我的前半生》权属争议的影响，我国学者在《我的前半生》著作权问题学术研讨会后仍继续关注国有著作权的问题，但是关注度有所减弱。2008年2～6月，国家版权局主持召开《国有著作权管理办法（草案）》征求意见会前后有相关报道和学术著作5篇（见表4－1）。其中有3篇是对《国有著作权管理办法》的介绍性文章，另2篇分别是周艳敏的《无主著作财产权：国有还是公有？——从〈我的前半生〉的权属争议到我国〈著作权法〉的修改》，李先波、何文桃的《论无人继承且无人受遗赠的著作权归属——由〈我的前半生〉著作权纠纷引发的思考》，都是对《我的前半生》著作权争议的再讨论，重点仍是“无人继承又无人受遗赠之著作财产权”应归“国有”还是“公共领域”的思辨。周艳敏认为无主的著作财产权任其无主，不会对任何个人利益或社会利益造成消极影响。著作财产权的无主，意味着任何人都不会对有关作品的使用实施专有性垄断与控制，反而给社会公众的使用带来方便和自由，因此“无人继承又无人受遗赠的著作权”应当进入公共领域。李先波、何文桃鉴于著作权与传统的财产权相比，具有特殊属性，对于“无人继承又无人受遗赠的著作权”，在我国不宜在有效期内就直接进入公有领域，也不宜将其归属为集体组织，而应直接归国家所有。

表 4-1 中国知网 2008 年 2~6 月有关“国有著作权”文献数量

题 目	作者	来源	发表时间	被引次数	下载次数
无主著作财产权：国有还是公有？——从《我的前半生》的权属争议到我国《著作权法》的修改	周艳敏	出版发行研究	2008-04-10	16	519
论无人继承且无人受遗赠的著作权归属——由《我的前半生》著作权纠纷引发的思考	李先波、何文桃	政治与法律	2008-06-05	9	660
我国积极酝酿《国有著作权管理办法》	姚文平	中国知识产权报	2008-02-22	0	50
国有著作权管理引起关注	赖名芳	中国新闻出版报	2008-02-18	0	30
国有著作权如何保护？	赖名芳	中国新闻出版报	2008-03-13	1	32

4.5.2 “国有著作权”研究的发展阶段

2008~2013 年，随着国外“孤儿作品”的立法和讨论的推进，我国学者停止了对“无人继承又无人受遗赠的著作权”归属问题的讨论，开始研究“孤儿作品”的数字化使用问题。因为“孤儿作品”问题是网络环境下数字化使用作品过程中任何国家和地区都不可避免的问题。美国在解释孤儿作品产生的原因时提到了“著作权权利人的死亡”“公司的合并或分立”两个因素，使得国内学者在关注孤儿作品的同时，将因“无人继承又无人受遗赠的著作权”纳入“孤儿作品”的讨论范畴。因此，“无人继承又无人受遗赠的著作权”的关注度开始下降，而“孤儿作品”的关注度从2008年开始逐年上升，2012年和2013年《著作权法》第三次修订更是进入了“孤儿作品”讨论的高潮阶段（见图4-1）。

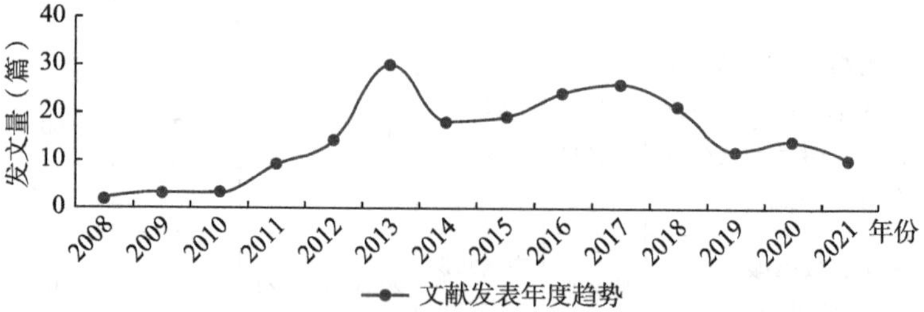

图4-1　中国知网有关“孤儿作品”文献年度发表数量

在对“孤儿作品”的探讨中，国内学者主要采用比较研究法，重点分析“孤儿作品”的使用模式，并建议在我国《著作权法》第三次修订的过程中引入“孤儿作品”的管理和授权机制（见表4-2）。如加拿大的“准强制许可+提存”模式，要求使用者向专门机构提出使用“孤儿作品”的申请，并提供尽力查找权利人无果的证据。在申请获得批准并提存使用费用后，方能利用“孤儿作品”。[1] 如美国的“勤勉寻找+自由使用+事后补偿”模式[2]、欧盟的著作权补偿金制度和著作权集体管理

---

[1] 王迁．“孤儿作品”制度设计简论［J］．中国版权，2013（1）：30-33．

[2] 周艳敏，宋慧献．关于孤儿作品著作权问题的立法设想［J］．电子知识产权，2011（3）：72-75．

延伸制度。[1] 另外一个焦点是在“孤儿作品”立法中图书馆著作权的例外与限制原则，学者积极呼吁我国尽快完善关于图书馆使用“孤儿作品”的例外与限制条款；[2] 强调应将“孤儿作品”的使用主体限制在传统图书馆等公共文化机构范围内，同时提出我国也应建立“孤儿作品”著作权集体管理制度。[3]

表 4-2 中国知网有关“孤儿作品”文献下载量前十名（2008～2020）

题目	作者	来源	发表时间	被引次数	下载次数
“孤儿作品”制度设计简论	王迁	中国版权	2013-02-15	84	2262
论孤儿作品的版权利用——兼论《著作权法》（修改草案）第25条	赵锐	知识产权	2012-06-25	72	1982
论版权制度下的“孤儿作品”问题	吴丹	中国政法大学	2011-03-01	27	1487
关于孤儿作品著作权问题的立法设想	周艳敏、宋慧献	电子知识产权	2011-03-15	59	1348
版权制度下的“孤儿作品”问题	周艳敏、宋慧献	出版发行研究	2009-06-15	81	1269
孤儿作品法理问题研究——中国视野下的西方经验	赵力	河北法学	2012-05-05	70	1193

[1] 管育鹰．欧美孤儿作品问题解决方案的反思与比较——兼论我国《著作权法》相关条款的修改［J］．河北法学，2013（6）：135-142.

[2] 王本欣．孤儿作品立法中图书馆著作权例外与限制研究——以美国和欧盟孤儿作品立法为例［J］．图书馆论坛，2014，34（12）：42-48.

[3] 管育鹰．欧美孤儿作品问题解决方案的反思与比较——兼论我国《著作权法》相关条款的修改［J］．河北法学，2013（6）：135-142.

续表

题　目	作者	来源	发表时间	被引次数	下载次数
孤儿作品的利用困境与现行规则评析	董慧娟	中国出版	2010－09－23	64	1177
孤儿作品利用的法律问题研究	陈雪娜	华东政法大学	2012－04－25	15	1003
论孤儿作品的利用与保护	袁泽清	西南民族大学学报（人文社科版）	2008－02－10	57	980
孤儿作品保护大陆与香港之比较研究	金泳锋、彭婧	电子知识产权	2011－03－15	64	938

4.5.3　“国有著作权”研究的反思阶段

此阶段为2014～2016年，随着“孤儿作品”已经被写入我国《著作权法》第三次修订草案中，对“孤儿作品”的数字化使用问题的研讨暂时停止，学者们再次聚焦“无主作品”著作财产权的归属问题，同时开始讨论“无主作品”与“孤儿作品”的异同，但数量仍不多，只有6篇（见表4－3）。

表4－3　中国知网2014～2016年有关“无主作品”的文献数量

题　目	作者	来源	发表时间	被引次数	下载次数
我国无主作品著作权保护的司法困惑与破解路径	汤妮燕	河北法学	2015－01－05	12	628

续表

题　目	作者	来源	发表时间	被引次数	下载次数
公共政策意蕴下无主著作财产权归属探微——兼评《著作权法》第十九条的修改	刘宇琼	科技与出版	2014-03-08	2	219
我国无主作品著作权保护的路径选择与制度构建	肖少启	政治与法律	2016-08-05	12	609
无主作品著作权归属的“公”“私”之争	王果	中国版权	2016-08-15	6	443
对我国无主著作权作品权利的归属研究	张荣梅	南昌大学	2014-05-25	0	110
“国有”著作权管理的理论思考和立法建议	叶文芳	中国出版	2016-12-15	5	292

在这一阶段，有的学者直接提出“无主作品”就是“孤儿作品”[1]，因为“无主作品”在现实使用中主要涉及著作财产权，因此“作品已经公开发表”必须是“无主作品”的构成条件之一；同时也强调使用人“勤勉查找”的义务。针对“无主作品”的著作权认定问题，可以采用“特殊的无主财产认定”和“诉讼中的无主著作权确认”两种模式。有的学者则认为“无主作品”和“孤儿作品”的概念不同，不应混淆。[2] 而此阶

[1] 汤妮燕．我国无主作品著作权保护的司法困惑与破解路径［J］．河北法学，2015，33（1）：182-190.

[2] 王果．无主作品著作权归属的“公”“私”之争［J］．中国版权，2016（4）：53-56.

段关于“无主作品”的归属问题再次被提出，分歧仍然较大。坚持“无主作品”进入公有领域的学者主张著作权与有形财产权不同，令无主著作权直接进入公有领域更符合著作权的制度目标，提出将无主著作权作为“公共财产”来看待，并不会产生“公地悲剧”，反而更有利于社会文化的繁荣与发展。为了适应现在著作权法发展的方向，我国著作权法关于无主著作权作品的规定应当及时进行修改，同国际社会相接轨，因为从整体趋势来看，世界各国都是在朝着向公众开放的方向发展。[1] 但是反对观点认为，在当下对于无主著作财产权归属的争议中，应从实现维护版权产业利益以及促进文化事业发展的公共政策角度出发，不应当将无主著作财产权简单地规定进入公有领域。[2] 肖少启则明确主张“无主作品”宜归国家所有，不应归集体所有或者直接进入公共领域，并批判了我国著作权法中对“无主作品”的著作权归属的“双轨制”规定（人身权和财产权的归属主体分开），提倡实现“无主作品”著作权归属的一元立法体制。[3]

由 197 篇文献的文本内容分析可以看出：国内学术界对“孤儿作品”“无主作品”的概念和范围及其归属问题仍有很大的分歧，而对“国有著作权”的关注度始终不高，以“国有著作权”为题的学术研究几乎没有，对其研究散落在“孤儿作品”和“无主作品”中，所以在研究“国有著作权管理”的过程中首先要厘清“国有著作权”的概念与范围问题。

---

❶ 张荣梅．对我国无主著作权作品权利的归属研究［D］．南昌：南昌大学，2014.

❷ 刘宇琼．公共政策意蕴下无主著作财产权归属探微——兼评《著作权法》第十九条的修改［J］．科技与出版，2014（3）：16－20.

❸ 肖少启．我国无主作品著作权保护的路径选择与制度构建［J］．政治与法律，2016（8）：112－125.

5　我国国有著作权立法之正当性

不管是溥仪《我的前半生》的著作权纠纷，还是关于“无人继承又无人受遗赠之著作权”的归属争议，其焦点问题都是归“国有”还是“共有领域”的问题，很多专家学者都对我国著作权法规定的“国有”情况提出了质疑。然而，相比十多年前溥仪《我的前半生》著作权纠纷时的文化环境，今天的文化环境已经发生巨大的改变，数字化作品大规模出现，国外数字图书馆计划不断增加，文学作品价值激增，公共领域作品被无度开发和利用，都给“国有著作权”的立法以正当性、合理性的证明，给“国有著作权”的管理提出新的要求和目标。

5.1 著作财产权继承的国际立法统一性

《保护文学和艺术作品伯尔尼公约》（以下简称“《伯尔尼公约》”）第2条第6项规定，作品的保护应该实现“作者和他的继承人的利益”，因此世界上大多数国家和地区都规定著作财产权可以继承，如《意大利著作权法》第107条规定：“智力作品的作者享有的使用权以及可继承的相关权利，可依本章所规定的规则，以任何合法方式转移。”《俄罗斯联邦民法典》第四部分第七十章第1283条为“作品专有权的继承转移”；《德国著作权法》第28条第1款规定：“著作权可被继承。”我国《著作权法》（2020）第21条规定：“著作权属于自然人的，自然人死亡后，其本法第十条第一款第（五）项至第（十七）项规定的权利在本法规定的保护期内，依法转移。著作权属于法人或者非法人组织的，法人或者非法人组织变更、终止后，其本法第十条第一款第（五）项至第（十七）项规定的权利在本法规定的保护期内，由承受其权利义务的法人或者非法人组织享有；没有承受其权利义务的法人或者非法人组织的，由国家享有。”我国原《继承法》第 3 条第 6 款也明确规定公民的遗产包括著作权、专利权中的财产权。

5.2 “无人继承又无人受遗赠之著作财产权”立法的相似性

对于“无人继承又无人受遗赠之著作财产权”的作品，综观各国各地区的立法与实践，主要有两种模式（见表 5 - 1）。第一种模式是：如果死者的著作权无人继受，则导致该著作权终止，该作品进入公共领域。例如，《日本著作权法》第 62 条第 1 款规定：“著作权在以下情况即告消亡：（1）著作权所有者已死亡，该著作权依民法（明治 29 年法律第 89 号）第 959 条（归国库的继承财产）的规定应归国库时；（2）作为著作权所有者的法人解散时，该著作权依民法第 72 条第 3 款（归国库的剩余财产）或依其他法律的规定应归国库时。”《巴西著作权法》第 45 条规定，作品的作者死亡后，无继承人的作品，在其著作权财产权的保护期届满后，将进入公有领域。《韩国著作权法》第 49 条规定：“著作权财产权因下列情形之一而终止：（一）当作者死亡且没有继承人时，著作权财产权根据民法及其他法律条款，属于国家所有；（二）当作为著作权财产权人的法人或其他组织解散后，著作权财产权根据民法及其他法律条款，属于国家所有。”《俄罗斯联邦民法典》第四部分（知识产权部分）第七十章第 1283 条“作品专有权的继承转移”规定：“在本法典第1251条规定的情形下，作为遗产组成部分的作品专有权终止，并且作品将变为公共财产”。第二种模式是：如果死者的著作权无人承受，该项著作权并不终止，作品在受保护的有效期内，著作权收归国家所有。在这种情况下，由代表国家的单位（一般是著作权行政管理部门）代国家行使著作权。如《越南著作权法》第30条规定了国家享有著作权的情况：（1）作者死亡后出版的作品，作者身份不明的作品；（2）著作财产权人没有继承人或者继承人宣布放弃继承或者被取消继承权的。《柬埔寨著作权法》第33条规定，作者死亡，作品的经济权利将被转移给其法定继承人或者遗嘱继承人，如果没有法定继承人或遗嘱继承人，文化艺术部行使该作品的经济权利的保护和管理权。

表5-1 “无人继承又无人受遗赠之作品著作财产权”立法情况

国家/地区	权利归属
巴西	公有领域
中国台湾	公有领域
日本	公有领域
韩国	公有领域
埃及	主管部门所有
俄罗斯	1993年《俄罗斯联邦著作权与邻接权法》归国有/ 2008年的《俄罗斯联邦民法典》归公有领域
越南	国有
柬埔寨	国有（文化艺术部行使）
朝鲜	未规定
德国	未规定
法国	未规定

上述第一种模式是从制定著作权法的终极目的考虑的。文学、艺术作品往往凝聚着人类古今文明成果，是社会精神财富的一部分。既然著作权人已死亡且无人承继其著作权，那么著作权法在实现对作者创作劳动的充分补偿和有效鼓励之后，就应将作者对其作品的支配权转化为全社会共同享有的公共财富，无主著作权就不再受到保护，国家也不承受。第二种模式则是从保护国家利益的角度考虑的。如果将著作权制度放在国际的层面上，则可以看到任何一个国家的著作权制度首先服务于本国的政治、经济、文化目标，以满足本国产业发展的利益需求。

这里值得一提的是俄罗斯关于“无人继承又无人受遗赠”作品之立法变更：1993 年《俄罗斯联邦著作权与邻接权法》第 29 条第 2 款规定，作者没有继承人的，由俄罗斯联邦专门机构全权实施对无人继承的作品著作权的保护。然而苏联的解体让俄罗斯的立法变化很大，俄罗斯开始重新建立知识产权的立法体系，将著作权等知识产权内容归到民法体系下，《俄罗斯联邦民法典》第四部分（知识产权部分）于 2006 年 12 月 18 日签署，2008 年 1 月 1 日起正式实施，新的民法典对“无人继承又无人受遗赠之著作财产权”作品的归属发生了根本的变化。

由此可见，著作财产权在无人继承又无人受遗赠时归国家所有是社会主义国家所遵守的基本原则，因为归国家所有，即归全体人民所有，是符合社会主义国家无产阶级政权本质的。

5.3 “二元论体系”下的“国有著作财产权”立法之正当性

体系的功能，在于运用和平和可以理解的方式把孕育和养育它的那个社会所确认的正义实现在人们的共同生活之中。[1]世界不同国家著作权权利体系的架构中存在一个泾渭分明的著作权立法模式：一种模式是“二元论体系”，在该模式中，著作权被清晰地、没有附加任何条件地分设为人格权和财产权“二元论体系”状态。在人格权和财产权的支系中又设定了一系列的具体权利内容。在国际上，多数国家采纳了这种模式，如欧洲的法国、德国、意大利、俄罗斯、奥地利、丹麦、匈牙利、保加利亚等，亚洲的日本、印度、菲律宾、巴基斯坦等，美洲的加拿大、智利、秘鲁、阿根廷、巴西等，非洲的埃及、阿尔及利亚等。第二种体系模式是“一元论体系”，该模式以著作权仅设定了财产权体系为其特点。采纳这种模式的国家在国际上为数不多。在20世纪70年代之前，主要有美国、英国、澳大利亚、新西兰、比利时、新加坡等。然而《伯尔尼公约》第6条之二规定不受作者经济权利的影响，甚至在上述经济权利转让之后，作者仍保有要求其作品作者身份的权利，并有权反对对其作品的任何有损其声誉的歪曲、割裂或其他更改，或其他损害行为。根据《伯尔尼公约》的要求，很多国家相继修改其著作权立法以保护作者的精神权利。如1988年《英国版权法》设专章全面规定了作者反假冒署名权、表明作者的身份权

---

[1] 张俊浩．民法学原理［M］．北京：中国政法大学出版社，1991.

利、反对对作品进行歪曲篡改等贬抑处分的权利、摄影及电影作品的委托人反对将作品进行商业性公开的权利等四项人身权利。

我国的著作权立法模式是典型的“二元论体系”。“二元论体系”将作者权益放置在法律保护的中心位置，强调著作人的人身权和财产权的保护。然而著作人身权和财产权并不是孤立的存在，而是相互影响的。很多对著作人身权的损害都发生在著作权财产权的行使过程中，所以由“国家”作为“无人继承又无人受遗赠之著作财产权”的权利主体和“人格权”的保护主体，更符合“二元论”立法体系的本质，能有效地保护作者的权益。质疑“国有”归属“正当性”的论述中，主要强调的是保护社会公共利益，认为将“无人继承又无人受遗赠之著作财产权”归为“国有”会影响作品的传播，是以公权力剥夺私权利。然而著作权是国家赋予的一种垄断权，著作权的有效期间届满，相应知识产品头上的公法光环消失，无疑会进入公有领域；但若著作权的有效期间尚未届满，国家亦未动用公权力剥夺这一私权，只是因为权利主体死亡或终止，此时该著作权并不当然消灭。若死亡或终止的著作权主体有继承人、受遗赠人或承受人，则该著作权中的财产权按照现行法“依照继承法的规定转移”。社会主义国家的本质为“全民所有制”，当公民或单位、组织无继承人和继受单位时由国家作为权利主体继续行使作品的著作财产权和保护著作人身权，是作品价值的延续、社会共同利益的体现。

我国是一个民族文化遗产十分丰富的大国，无论历史著述还是史学思想，都是世界文化遗产的宝库。要保护和利用好自己民族的文化精粹，推动经济社会发展，保护文化遗产的著作权，这一点尤为重要。以溥仪的《我的前半生》为例，该书凝聚着深刻的“文化记忆”，蕴涵了中华民族特有的精神价值，是一笔十分宝贵的文化遗产，应当给予其高度的重视和保护。如果将其著作权直接归入公有领域，意味着我国要放弃本应还可以享有的10年著作权保护期限，将本应属于我国的丰厚文化产值让予他国，这不利于维护我国的文化利益和促进文化输出。因此，将“无人继承又无人受遗赠之著作财产权”在财产权有效保护期内归属国家，是充分考虑到我国作为发展中国家的基本国情和保护民族文化遗产的最佳选择。在崇尚知识经济的21世纪，中国应当在国际知识产权保护框架下，立足于自身的实际情况制定本国的著作权战略，趋利避害，最大限度地维护我国著作权利益，在积极主动参与全球化的进程中谋求自身的发展。过多鼓励社会对知识产品的利用，过分强调知识产品的社会价值，只会使我国在知识产权贸易中处于不利地位，有碍于国家科学文化事业的发展。

5.4 保护第三人合法权益下的“国有著作财产权”立法之正当性

因为著作权的价值快速增加，很多人将著作财产权设为担保、质押的标的，如果法律规定“无人继承又无人受遗赠之著作财产权”归为公共领域，那么在著作财产权的权利主体死亡或终止之前，在该著作财产权之上设定了担保或质押，且担保权人或质押权人在该著作财产权原权利人死亡或终止时尚未受偿，这将造成担保权人和质押权人的财产损失，反而促成法律规定之“不正当性”和“不合理性”的现象产生。如果“无人继承又无人受遗赠之著作财产权”归国家所有，根据权利义务一致性原则，国家就成为担保和质押债权的继受者，国家将通过其对著作财产权的继续使用和开发来实现担保和质押债务的偿还，保证第三人的合法权益。“正当性”乃现实的相对性与理想追求之绝对性的统一，在理想追求的同时还要关注现实的相对性，所以我国的“国有著作权”的立法既符合法律基本要义，又保护了潜在关联人的权益，正是正当性的体现。

5.5 国外著作权保护期限扩张下的“国有著作财产权”立法之正当性

当前，文化产业已经成为一个国家文化力量发展水平的重要标志，通过各种文化产品形态的输出以改变人们精神世界和文化行为，进而改变现存的文化关系和文化秩序是国际文化竞争的实质，这就赋予文化产业及其文化产品一种特殊的战略意义。因此通过文化产业的全球性扩张，在获得巨大的货币财富的同时，推行和输出价值观体系演变成为世界文化产业大国的国家文化战略。一个国家能够在多大程度上拥有在国际事务中的话语权和影响力，除了它的政治和经济影响力之外，一个最重要的实现方式就是它的文化产业实现国际文化贸易顺差。一个拥有巨大的国际文化贸易顺差的国家，一定是拥有在国际事务中相应话语权的国家，也是具有国家文化竞争力和影响力的国家。一个国际文化贸易严重逆差的国家，则不可能拥有巨大的国家文化力量。

目前，美国知识财产的出口居世界各国之首。据世界知识产权组织不完全统计，自 2010 年以来，著作权产业的增加值约占美国 GDP 的 20% 左右。2017 年，美国核心版权产业的增加值占美国 GDP 的比重约达 6.85%。著作权产业对于美国经济具有如此重要的地位，使得著作权保护期限立法成为美国国会不忍轻言放弃的痛。美国于 1998 年通过了备受争议的《松尼·波诺版权期限延长法案》，将著作权的保护期限在原有 50 年的基础上又延长了 20 年。同样，为协调著作权保护期限以实现统一的欧洲大市场，1993 年欧盟《版权与邻接权保护期限指令》第 1 条规定，各成员国应对著作权提供作者终生加死后 70 年的保护。很多国家延长版权保护期限的背后，实质上是产业政策对著作权立法的影响。一些国家对于著作权保护期限的关注实际上体现了对著作权产业所涉及的行业乃至国家竞争力的关注——不愿意将一些具有较强竞争力的知识产品推向公共领域。

我国的“无人继承又无人受遗赠之著作财产权”是推向公共领域还是继续留在私有领域同样要考虑产业政策，需合理评估著作权法立法环境，我国在第三次著作权法修订的过程中并没有延长著作权的保护期限，如再放弃著作权保护期内的“无人继承又无人受遗赠之著作财产权”，可能给文化产业造成巨大损失，有悖于国家利益，更有悖于世界的著作权立法趋势。

6　我国国有著作权管理之必要性

6.1 我国公民对“国有著作权”的认知缺乏

由于近年来我国关于无人继承之著作财产权的司法纠纷仅溥仪《我的前半生》一个案件，主动将著作财产权赠予国家的也只有上述的黄镇《长征画集》。而杨绛也无继承人，但杨绛生前已将她和丈夫钱锺书二人全部作品的著作财产权捐赠给母校清华大学教育基金会，设立“好读书奖学金”，用以鼓励清华大学家庭经济困难但好学上进的学子，使其能够没有后顾之忧地完成学业；并希望领受奖学金的学子学成后，能以各种形式报效祖国、回馈社会。基于赠予协议，清华大学教育基金会享有钱杨二人所有作品的著作财产权，有义务负责全面维护钱杨二人作品著作人身权不受侵犯。同时未发表的作品的发表权，杨绛也已委托专人行使。杨绛并没有将其与钱钟书作品的财产权遗赠给国家，有多重原因，包括国有著作权的管理主体缺失、管理办法不明确、财产收益分配机制缺失等原因，同时我国公民对“国有著作权”的认识和理解的缺失也许是其深层原因。

基于此，课题组设计了以“国有著作权管理研究”为主题的调查问卷（详见附录1）展开调研。为保证问卷结果的客观性，目标受众为出版社、报刊社编辑及其他从事著作权管理、运营或教学的业界和学界的专业人士，受教育背景基本为本科及以上，其中本科占比23.26%，硕士占比53.49%，博士达到19.38%。本次问卷共收到有效问卷229份，课题组对其整理分析过程中发现只有19.38%的受访者了解溥仪《我的前半生》一书的著作财产权纠纷案；56.59%的受访者对此案件完全不了解，24.03%的受访者表示仅听说过该案件，但从未关注（见图

6－1）。

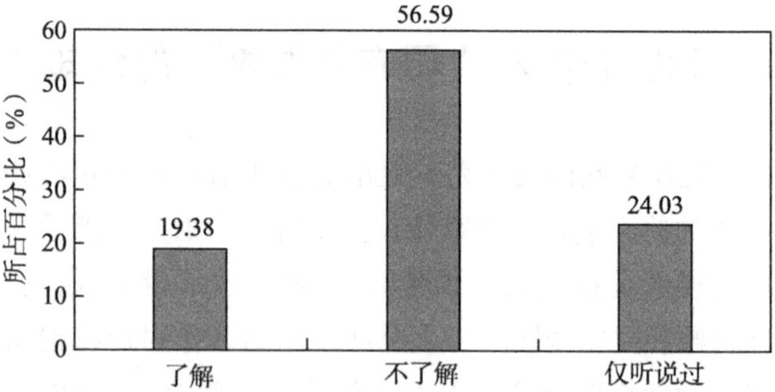

图6－1　对《我的前半生》著作财产权纠纷案的了解情况

关于“无人继承又无人受遗赠之著作财产权”归属问题的了解情况更不乐观。高达58.91%的受访者没有听说过“孤儿作品”和“无主作品”的概念，而52.71%受访者表示从未了解和接触过“国有著作权”的概念（见图6－2）。数据表明，目前我国公民对于“国有著作权”的关注和了解并不多，从事出版传媒、版权相关领域的专业人士对“国有著作权”的认知度仅为47.29%，如果此问卷是面向普通受众的，那结果会更不乐观。

由于普遍缺少对“无人继承又无人受遗赠之著作权”归属的认知及对我国《著作权法》的规定了解不足，受访者对溥仪《我的前半生》一书的著作财产权归属问题的看法也表现出很强的偏向性，只有29.46%的受访者认为溥仪《我的前半生》一书的著作财产权应该归“国家所有”，高达51.16%的受访者认为该书的著作财产权应当进入公共领域（见图6－3）。

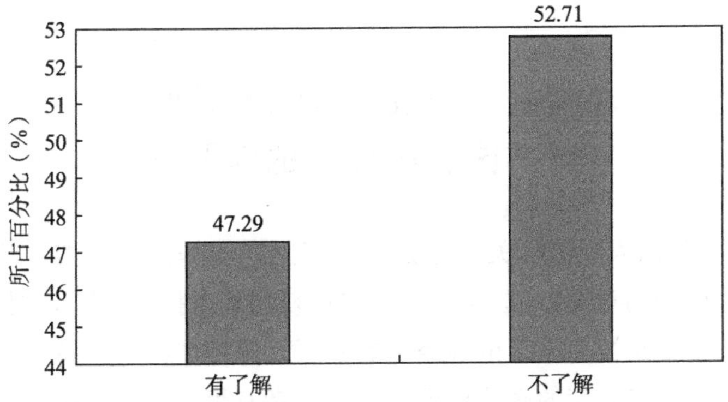

图 6－2　对“国有著作权”的了解情况

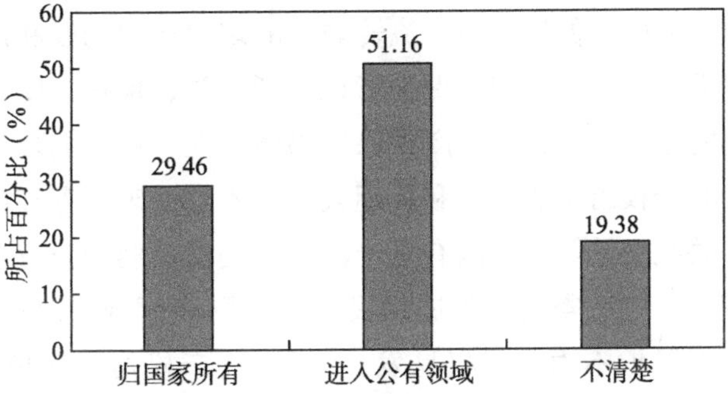

图 6－3　对《我的前半生》著作财产权处理的争议情况

调查结果表明，我国民众普遍缺少对“国有著作权”的了解和认知，国家相关著作权管理部门在立法规定的基础上应当加强“国有著作权”的立法实践和管理实践，建立“国有著作权”的管理组织，依法行使“国有著作财产权”，并做好宣传工作，以有效促进“国有著作权”的管理工作。

6.2 《产权司法保护意见》对“国有产权”的新要求

《最高人民法院关于充分发挥审判职能作用切实加强产权司法保护的意见》（以下简称“《产权司法保护意见》”）提出，产权制度是社会主义市场经济的基石，保护产权是坚持社会主义基本经济制度的必然要求。有恒产者有恒心，经济主体财产权的有效保障和实现是经济社会持续健康发展的基础。改革开放以来，通过大力推进产权制度改革，我国基本形成了归属清晰、权责明确、保护严格、流转顺畅的现代产权制度和产权保护法律框架，全社会产权保护意识不断增强，保护力度不断加大。同时也要看到，我国产权保护仍然存在一些薄弱环节和问题：国有产权由于所有者和代理人关系不够清晰，存在内部人控制、关联交易等导致国有资产流失的问题；利用公权力侵害私有产权、违法查封扣押冻结民营企业财产等现象时有发生；知识产权保护不力，侵权易发、多发。《产权司法保护意见》要求既要保护物权、债权、股权，也要保护知识产权及其他各种无形财产权。通过刑事、民事、行政等各种审判及执行活动，依法明确产权归属，制裁各类侵犯产权的违法犯罪行为，特别是利用公权力侵犯私有产权的违法犯罪行为。《产权司法保护意见》对进一步明晰包括著作权在内的产权制度给出明确的要求，所以，国有著作权的归属和管理问题也急需加强。

6.3 版权“全产业链”开发赋予的时代使命

我国的文学作品版权开发已逐步走向成熟，艾瑞咨询发布的《2015年中国网络文学IP价值研究报告》指出，互动娱乐进入IP元年，影游联动初见成绩。版权产品的开发，无论是在影视、游戏还是周边产品方面，都蕴藏着巨大的财产价值。一部畅销小说的版权已从几十万元增至几百万元甚至上千万元。未来跨媒体商业化的核心是将电影、电视、戏剧、音乐、动漫、游戏等文化娱乐领域打通，而文学、动漫等作品则是这套成熟、完整、有价值的内容产业链的核心和基础。在市场和产业的要求下，我国文学作品的版权保护和开发快速发展，在经历了探索期（2014年之前）、市场启动期（2015年）后，目前正处于高速发展期（2016年至今），即将迎来应用成熟期（见表6-1）。随着内容产业市场的稳定和繁荣，大量网络文学作品受到持续关注和开发，但网络文学作品呈现出的“同质化”现象为其发展埋下了隐患，而对传统社会文化、价值理念的追求才是人类最高的追求，也是文化产品开发企业的社会责任，承载着中国传统文化和民族特色的经典文学作品很快会受到产业的关注。因此，尽快建立“国有著作权”的保护和管理机构，畅通“国有著作权”的授权机制，使其进入文学价值开发产业链，对内对外“讲好中国故事”，这是时代赋予国家版权行政管理部门的使命。

表 6-1 我国文化（IP）产业的发展脉络图

探索期（2014 年之前）	市场启动期（2015 年）	高速发展期（2016 年至今）	应用成熟期
IP 前期主要集中在影视与文学作品之间的相互授权，形式相对较为粗放，市场价值有待放大。互联网出现之后，进一步推动了中国 IP 市场的发展，包括网络游戏、影视、动漫、文学之间开始大量使用 IP，尤其在移动游戏市场爆发式增长之后，IP 市场进一步放大，而 IP 的价值也一再创下新高。经过多年发展，尤其经历过 2014 年天价 IP 层出不穷之后，行业基本确立了对 IP 价值的认可	在经历 2014 年天价 IP 的洗礼之后，行业对于 IP 有了一个客观的认知，IP 开始回归其本质的价值，市场进入整盘阶段	随着中国文化娱乐产业的发展与成熟，产业链接愈加完善，行业对于 IP 的开发、使用拥有更加成熟的产业链条以及运作模式，IP 品牌的价值得到市场的广泛认可，行业进入高速发展期	随着产业的进一步升级，IP 的开发市场运营进入成熟期，优质 IP 把控在少数企业手中，行业的 IP 交易次数减少，新模式的冲击使中国 IP 市场进入成熟期

6.4 公共领域作品的“不当使用”衍生的历史任务

伴随文化产业的快速发展，为抢占市场，各种作品都面临被过度开发和利用的情况，著作权侵权纠纷不断，而进入公共领域的作品也因其不再享有经济权利，成为公共资产，各种形式的演绎都无须得到授权，也成为文化产业的主力军。以我国

“四大名著”之《西游记》为例，近年来基于《西游记》改编的影视剧、网络游戏高达上百部，仅国内与《西游记》相关的电影就有23部，包括《大话西游》《西游降魔篇》《大唐玄奘》《大圣归来》《三打白骨精》等。而国外对《西游记》的改编则呈天马行空之势，如号称美版《西游记》的美剧《荒原》（*Into the Badlands*），讲述了一个在被封建伯爵统治的国度里，武士桑尼（Sunny）和一个小男孩携手踏上旅程，克服重重危机，寻找理想极乐世界的故事。日本改编的电视剧《西游记》中，孙悟空的能力被大大弱化，相当于普通人。韩版《西游记》中唐僧师徒四人甚至被描绘成是科学家用DNA复制出来的，来到21世纪与妖魔鬼怪大战。这些故事情节几乎颠覆了《西游记》的内容和人物形象，中国人引以为傲的西游文化的精髓并没有得以体现，外国人并未经过该部影视剧理解西游文化和中国博大精深的佛教文化，反而产生了文化异化的现象。除此之外，《红楼梦》《三国演义》等也都被一再翻拍，2011年国家新闻出版广电总局叫停翻拍“四大名著”，该“禁令”至今仍未放开。包括“四大名著”在内的传统文学经典不仅承载了中华民族的文明，更体现了民族的魂魄，对经典作品版权的肆意使用使得文化产品成了流水线生产的消费品，破坏了优秀作品赖以生存的文化土壤，更给我国的经典文化对外传播设置了巨大阻碍。

同样，国外公共领域作品的使用情况也不乐观，以著名的《瓦尔登湖》为例，因其蕴含深奥而广博的思想宝藏，受到很多读者的青睐，我国各大出版社也相继出版中文版的《瓦尔登湖》。1949年徐迟翻译了《瓦尔登湖》，1982年该书经过修改得以再版。此后，该书的译本如雨后春笋，破土而出，截至2020年，中文译本已经达54种（不包括港澳台地区）。我国对《瓦尔登湖》的翻译出版大致可分为三个阶段：1949～1982年，徐迟和吴明实两种译本；1982～2000年，出版了7个译本；2001～2020年，在这20年间竟出版了63种译本，涉及出版社60家（见表6－2）。由此可以看出，《瓦尔登湖》在进入21世纪后，在中国越来越受推崇，影响也越来越大，且以加速度的方式在推进。从另一个角度来说，译本也越出质量越低，少有超越前辈翻译的译本问世。大多数出版社出版的译本都是一本一印，少有销量特别高的译本出现，这是对翻译资源和出版资源的巨大浪费。

表6－2　我国各出版社《瓦尔登湖》出版情况一览表

出版阶段	出版数量	出版社及书名	译者	出版年份及印数
第一阶段（1949～1982）	2种	晨光出版公司《华尔腾》	徐迟	1949年1版1印
		今日世界出版社《湖滨散记》	吴明实	1978年12月
第二阶段（1982～2000）	7种	上海译文出版社《华尔腾》修订本	徐迟	1982年8月1版1印，印数1.3万册
		安徽文艺出版社《湖滨散记》	汶全	1987年9月出版，印数1.2万册
		书华出版事业有限公司	孟祥森	1995年9月出版
		花山文艺出版社	刘绯	1996年6月出版，印数5000册
		三联书店，《瓦尔登湖或林中生活》（《梭罗集》上下册）精装版	许崇信 林本椿	1996年12月1版1印，印数5000册
		作家出版社	王光林	1998年12月出版
		远方出版社	张玲	1999年10月出版，印数3000册

续表

出版阶段	出版数量	出版社及书名	译者	出版年份及印数
第三阶段（2001～2020）	63种	哈尔滨出版社	张知遥	2003年8月1版1印
		上海科学技术文献出版社	曹仁雪	2003年3月1版1印
		当代世界出版社	戴欢	2003年4月1版1印
		人民文学出版社	苏福忠	2004年8月1版1印
		天津教育出版社	杨家盛	2004年9月1版1印
		陕西人民出版社	田颖、朱春飞	2005年1版1印
		中国电影出版社	纵华政	2005年1版1印
		中国书籍出版社	曾光辉	2005年1版1印
		上海社会科学院出版社、长江文艺出版社、中国国际广播出版社、中国华侨出版社、华夏出版社、湖南文艺出版社	潘庆舲	2007年6月1版1印
		三环出版社、海南出版社	林志豪	2007年3月1版1印
		长江文艺出版社	王光林	2007年7月1版1印
		北京燕山出版社	王义国	2008年1版1印
		中国国际广播出版社	王宝根	2008年1版1印
		上海三联书店文汇出版社	李暮	2008年1版1印

续表

出版阶段	出版数量	出版社及书名	译者	出版年份及印数
第三阶段（2001～2020）	63种	译林出版社	徐崇信	2009年1版1印
		北京十月文艺出版社	王家湘	2009年1版1印
		哈尔滨出版社	成维安	2009年1版1印
		北方妇女儿童出版社	吕晓滨	2009年1版1印
		武汉出版社	穆紫	2009年1版1印
		吉林出版集团有限责任公司	田然	2009年1版1印
		北方文艺出版社	张悦	2009年1版1印
		四川文艺出版社	仲泽	2010年1版1印
		重庆出版社	王金玲	2010年1版1印
		贵州人民出版社	孔繁云	2010年1版1印
		辽宁教育出版社	叶子	2010年1版1印
		中国三峡出版社	田伟华	2010年1版1印
		译林出版社	梁栋	2010年1版1印
		汕头大学出版社	亦言	2010年版
		大众文艺出版社	刘永升	2010年版
		世界图书出版公司	盛世教育西方名著翻译委员会	2011年1版1印
		云南人民出版社	宋璐璐	2011年1版1印
		清华大学出版社	王勋、纪飞	2011年1版1印
		中国宇航出版社	周玮、彭萍	2011年

续表

出版阶段	出版数量	出版社及书名	译者	出版年份及印数
第三阶段（2001～2020）	63种	中国致公出版社（美国青少年版）	曾光辉	2012年1版1印
		立信会计出版社	文真明	2012年1版1印
		江苏文艺出版社	郭跃渊	2012年1版1印
		凤凰出版社	黄毅、孙梦霞	2012年1版1印
		延边教育出版社	王军平	2012年1版1印
		时代出版传股份有限公司、安徽人民出版社	田然	2012年版
		天津人民出版社	李继宏	2013年1版1印
		江苏人民出版社	张仙平	2013年1版1印
		中国华侨出版社	高格	2013年1版1印
		古吴轩出版社	李妍	2013年1版1印
		中国华侨出版社	穆秋月	2013年1版1印
		华东师范大学出版社	杜先菊	2015年版
		北京理工大学出版社	王光林	2016年版
		作家出版社	潘庆舲	2016年版
		中国友谊出版公司	亦言	2016年版
		四川文艺出版社	仲泽	2017年版
		中华书局	李家真	2017年版
		人民文学出版社	杜先菊	2017年版
		译林出版社	仲泽	2018年版
		北京工艺美术出版社	傅文	2018年版
		华中科技大学出版社	澄因	2018年版

续表

出版阶段	出版数量	出版社及书名	译者	出版年份及印数
第三阶段（2001～2020）	63种	花文艺出版社、天津人民出版社	王光林	2018年版
		人民文学出版社	徐迟	2019年版
		译林出版社	孙致礼	2019年版
		北京师范大学出版社	徐汝舟	2019年版
		时报文化	王家新	2020年版
		人民文学出版社	徐迟	2020年版
		译林出版社	仲泽	2020年版
		北京联合出版公司	刘绯	2020年版
		野人出版社《湖滨散记》	林丽雪（杪欐）	2020年版

如上所述，进入公有领域的作品也面临被过度开发的局面，这种无序的开发并不利于作品的传播和社会公共利益的实现，有的作品在被改编的过程中甚至遭遇到严重的歪曲和篡改，亟须国家对其著作人身权进行保护，这样，经典文化作品的精神和文化内涵才能得以获得有效保护。因此，在文化市场虚浮的局面下，国家有必要管理好“国有著作权”的作品，充分发挥其版权价值，防止出现混乱无序的版权开发现象。

7　我国国有著作权的立法完善

7.1 我国国有著作权立法中存在的问题

7.1.1 “国有著作权”和“集体著作权”的“二分法”

我国《著作权法》（2020）第21条规定：“著作权属于自然人的，自然人死亡后，其本法第十条第一款第（五）项至第（十七）项规定的权利在本法规定的保护期内，依法转移。著作权属于法人或者非法人组织的，法人或者非法人组织变更、终止后，其本法第十条第一款第（五）项至第（十七）项规定的权利在本法规定的保护期内，由承受其权利义务的法人或者非法人组织享有；没有承受其权利义务的法人或者非法人组织的，由国家享有。”也就是说著作权属于法人或者其他组织的，法人或者其他组织变更、终止后，其著作财产权在法律规定的保护期内，由承受其权利义务的法人或者其他组织享有；没有承受其权利义务的法人或者其他组织的，由国家享有。而对于自然人无人继承又无人受遗赠的著作财产权则按照我国《民法典》第1160条的规定转移。依照我国《继承法》第32条的规定“无人继承又无人受遗赠”的遗产归国家所有；死者生前是集体所有制组织成员的归所在集体所有。因此，在我国目前的立法体系下“无人继承又无人受遗赠之著作财产权”作为一种遗产，有可能归国家所有，也有可能归集体所有，出现“国有著作权”和“集体著作权”的“二分法”模式。这种不确定的“二分”模式给著作权的管理带来了很大的不便，所以很多专家学者对集体著作权的立法规定产生了分歧。

有学者认为死者生前属于集体组织成员的，无人继承又无人受遗赠的遗产归所在集体组织所有“是理所当然的”，理由是：集体组织成员的生活、劳动依赖于集体所有制组织，他们的生产、分配和各项社会福利和社会保险，都由集体组织承担，在无人继承又无人受遗赠的遗产中，有的财产就是集体组织出于照顾其生活而给予的，其原本就是集体生产组织成员的劳动成果。

另一种观点认为，在现阶段，以为数众多的农村集体经济组织为例，农民已经不再是单纯的集体经济组织内的生产者，而是相对独立于集体经济组织的农业生产经营者。他们的生产、分配和各项社会福利和社会保险，并非全由集体组织承担。况且相对于集体组织给予成员生活的有形财产而言，有的著作权往往具有很高的附加值，这是该成员从集体组织所得到的利益所不能“对价”的，而著作权的行使又并不像有形财产那么简单，相比归集体所有，著作权归国家所有更具效率性和经济合理性，可以避免归于集体所有所造成的资源流失或不必要的成本消耗。

其一，集体组织资源难以优化配置，著作权效益低于国家所有。知识产权作为一种无形财产权，在经济学上表现为一种经济资源，在企业中还表现为一种经营资源。集体经济是中国经济社会发展的特殊产物。我国《宪法》将集体经济定义为“社会主义劳动群众集体所有制”。《城镇集体所有制企业条例》在此基础上作了“本集体企业的动群众劳集体所有”“集体企业的联合经济组织范围内的劳动群众集体所有”两种列举。由于有关法律对此没有作出明晰的规定，集体企业的这一传统定义无法克服企业产权模糊这个与生俱来的制度性风险。在历次企业改制过程中，集体产权屡遭侵犯，集体资产流失惨重。在企业经营过程中，有的集体组织的领导者以集体的名义侵犯集体成员的个人利益，集体经济的其他成员却无法监督和制约。由此，集体企业成为著作权人，易使企业经营资源得不到优化配置，著作权效益很难发挥到最佳状态，更难保证著作权利益不为少数人所控制，从而使集体成员的权利和利益得不到切实保护。而著作权归国家，则能从国家整体利益大局出发，减少社会财富的损失，有利于对社会财富的保护和利用。

其二，集体组织法律意识薄弱，知识产权成本消耗高于国家所有。知识产权人本身的知识产权及其法律意识的有无或高低，对知识产权保护来说意义重大。由于企业改制等各种原因，城镇集体经济逐年减少，而农村集体经济组织数量大、人数多，分布广，农村集体经济组织相对来说，其成员文化素质较低，知识产权保护意识淡薄，不了解自己手中掌握的知识产权的价值，侵权发生后更不懂得运用法律保护知识财产。而以国家的名义行使权利，在权利救济等方面无疑能得到切实保障，以尽可能少的资源消耗实现利益最大化。

从法律经济学的视角而言，权利归属的界定要看哪种界定方式最符合经济学上的效率原则。根据以上分析，权利归国家比归集体组织的效率要高得多，所以应将权利归国家而不归集体的呼声较高。

7.1.2 “无人继承又无人受遗赠之著作人身权”行使的主体不确定性

著作权分为人身权和财产权，但因人身权具有不可转让性和永久性，不能归国家所有，国家只能享有“无人继承又无人受遗赠”的作品之“著作财产权”。我国《著作权法实施条例》第15条规定：作者死亡后，其著作权中的署名权、修改权和保护作品完整权由作者的继承人或者受遗赠人保护。著作权无人继承又无人受遗赠的，其署名权、修改权和保护作品完整权由著作权行政管理部门保护，我国关于“无人继承又无人受遗赠”作品的署名权、修改权和保护作品完整权的保护不再区分“无人继承又无人受遗赠”作品原权利人的主体性质，进行“国家保护”和“集体组织保护”二分立法，而是进行了保护主体的整合，统一归著作权行政管理部门保护。这与集体著作权财产权归属中“国有著作财产权”和“集体著作财产权”的分立状态产生了背离。

另外，《著作权法实施条例》第17条规定：作者生前未发表的作品，如果作者未明确表示不发表，作者死亡后50年内，其发表权可由继承人或者受遗赠人行使；没有继承人又无人受遗赠的，由作品原件的所有人行使。在数字环境中，作品的原件与复制件往往难以区分，“原件持有人”规定有可能造成大量的原件持有人的情况，反而不利于发表权的保护，所以“发表权”可以由“第三人代为行使”的原件持有人规定的合理性和有效性都是有待商榷的。

7.2 国有著作权的立法完善

综观我国“国有著作财产权”的归属和“无人继承之著作人生权”的行使和保护的立法中，最关键的问题是出现了“国有著作财产权”和“集体著作财产权”的二分法及“署名权、修改权和保护作品完整权”保护的主体统一化之间带来的冲突。在所有权的不确定状态下，要想把“国有著作权”管理、利用起来，那么就需要代表国家和代表集体的两个管理组织、两套模式，这样将造成管理成本的升高，社会资源的极大浪费。同时这种不确定的状态和“国有”著作人身权的保护主体也无法统一。所以，我国《著作权法》应进一步明确公民死亡、无人继承、无人受遗赠的作品的归属问题，我国应该借鉴越南、柬埔寨等国家的做法直接在《著作权法》明确其国有状态，建议将《著作权法》（2020）第21条更改为：“著作权属于公民的，公民死亡后，其本法第十条第一款第（五）项至第（十七）项规定的权利在本法规定的保护期内，依照《继承法》的规定转移；无人继承又无人受遗赠的，由国家享有；著作权属于法人或者其他组织的，法人或者其他组织变更、终止后，其本法第10条第一款第（五）项至第（十七）项规定的权利在本法规定的保护期内，由承受其权利义务的法人或者其他组织享有；没有承受其权利义务的法人或者其他组织的，由国家享有。”

这样的规定使得“无人继承又无人受遗赠之著作财产权”的权利主体和“署名权、修改权和保护作品完整权”的保护主体一致，有利于作品的管理和传播。同时规定，无人继承、无人受遗赠的作品“发表权”在作者没有明确的不发表的意思表示下，由国家代为行使其发表权。

8　对我国国有著作权管理办法的建议

公民、法人主动赠予的著作财产权和“无人继承又无人受遗赠之著作财产权”收归国家后，国家出版行政管理部门所面临的重要议题就是如何最大限度地发挥其经济效益和社会效益，保障国有著作权的权益。如国家版权局原局长阎晓宏在《长征画集》的捐赠仪式上表示，有效利用好黄镇同志的画作原稿，以充分展示老一辈无产阶级革命家英勇奋斗的理想追求和革命精神，确保黄镇同志创作的《长征画集》蕴含的精神更好地发扬光大。所以，明确“国有著作权”的管理部门、奖励机制、授权机制、权利救济机制等内容，尽快出台《国有著作权管理办法》，做到国有著作权管理的制度化、透明化是当前形势下的紧迫任务。

8.1 《国有著作权管理办法》出台的社会基础

因为国有著作权的管理涉及出版行政管理部门、司法部门、财务部门等多个法律部门，专业性强，所以针对关键问题，课题组在问卷调查的基础上有针对性地进行了10人次的专家访谈（详见附录2），以帮助解决制度规划等关键问题。

在关于我国是否应该出台《国有著作权管理办法》的问题上，几乎所有的受访专家都是高度意见统一的。而问卷调查也表明，虽然有相当一部分受访者对于国有著作权问题不甚了解，但有高达82.95%的受访者支持国家尽快出台《国有著作权管理办法》（见图8－1）。可见，我国《国有著作权管理办法》具有很强的社会基础。

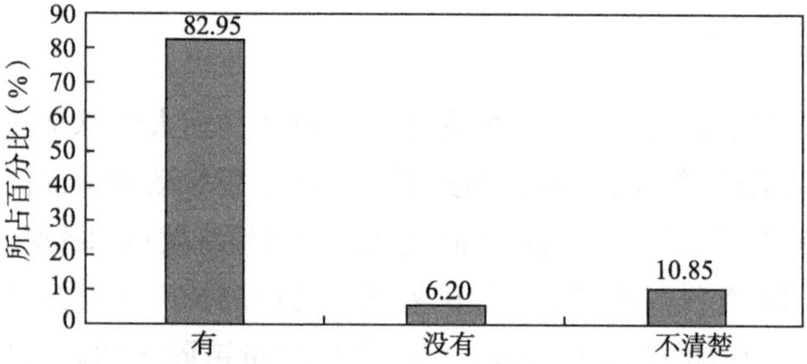

图 8－1　受访者对于国家有无必要尽快出台《国有著作权管理办法》态度统计

8.2　国有著作权管理机构

我国虽然规定了国有著作财产权的归属问题，但没有明确其管理机构，受访的专家对此问题产生了不一致的观点，70%的专家认为应该由国家版权局管理，20%认为应该由著作权集体管理组织进行管理，还有10%的专家认为应该由版权协会进行管理（见图8－2）。然而我国的著作权集体管理组织和国外著作权集体管理组织还存在很大差别，我国没有综合性的著作权集体管理组织，集体管理组织管理的作品形式分立，而国有著作权客体多样化，所以授权集体管理组织进行管理障碍较多。

《著作权法实施条例》第15条强调由著作权行政管理部门保护“无人继承又无人受遗赠”作品的署名权、修改权和保护作品完整权。为了形成保护和管理主体的统一性，对“国有著作财产权”的管理也应当由著作权行政管理部门承担。我国的一些地方立法已经对此进行了细化，上海市人民政府于2000年

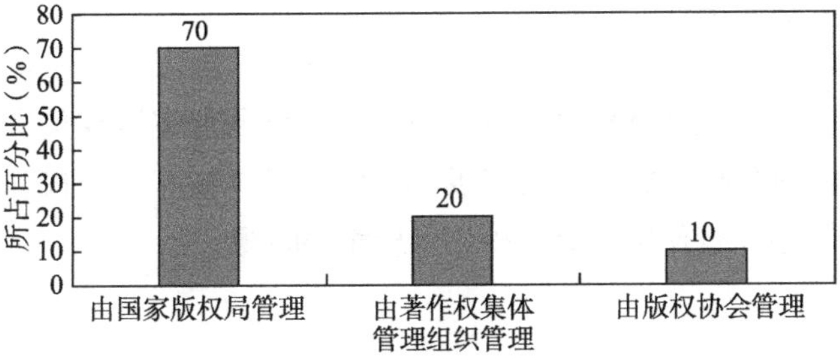

图 8－2　各界专家对于著作权集体管理组织的意见统计情况

1 月 3 日发布的《上海市著作权管理若干规定》第 6 条（无主著作权的行使）规定："享有著作权的法人或者其他组织终止后，无法人或者其他组织承受其权利义务的，作品的使用权和获得报酬权在法定保护期内，由市版权局代表国家行使。享有著作权的公民死亡后，其著作权无人继承又无人受遗赠的，作品的使用权和获得报酬权在法定保护期内，由下列组织代为行使：（一）作者生前是集体经济组织成员的，由所在集体经济组织行使；（二）作者生前是非集体经济组织成员的，由市版权局代表国家行使。市版权局按照本条第一款、第二款规定代为行使作品的使用权和获得报酬权的，应当提前发布公告，并将作品使用报酬上交国库。"所以，国家版权局应当是"国有著作权"的统一管理机构，统筹全国的"国有著作权"的管理和保护工作，制定管理和保护的相关规定，而地方版权局是具体的管理部门，行使其行政区域内的"国有著作权"的具体管理职能。

因"国有著作权"的管理以及"无人继承之人格权"的保护涉及的范围广泛，既包含"国有著作财产权"的确权、权利的行使和利用，也包含权利的救济，所以这种由下级单位行使权利，上级单位负责监督和协调的方式能防止权利的滥用，有效保护权利主体的利益。

在《长征画集》的国有著作权管理上，国家版权局将《长征画集》的全部著作财产权交由中央文献研究室全权负责管理和行使只是权宜之计，国家版权局应设置“国有著作权管理办公室”独立行使国有著作权的管理相关问题。

8.3 国有著作权管理模式

8.3.1 设立“国有著作权”捐赠奖励基金

为鼓励作家、艺术家和社会各界向国家捐赠优秀作品的著作财产权，推动各地政府和出版行政管理部门增加“国有著作权”管理经费投入，加强国家对优秀作品的保护、传播以弘扬优秀民族文化，发展和繁荣我国版权事业，国家版权局应设立“国有著作权”作品“捐赠奖励资金”，对主动将著作财产权赠予国家的个人或单位给予奖励。“捐赠奖励资金”列入国家版权局年度部门预算，专款专用，并依据《中华人民共和国公益事业捐赠法》《中华人民共和国个人所得税法》的要求具体实施，使用范围包括如下方面：

（1）向捐赠者颁发捐赠奖励金。该奖励金作为国家颁发的捐赠奖励，依法免征个人所得税。

（2）举办捐赠作品展览以及相关的宣传出版等活动。

（3）基于捐赠作品开展的课题研究、学术研讨、公共教育和推广等研究、推广活动。

8.3.2 建立“国有著作权”的出版保障机制

为促进国有著作权作品的传播，国家版权局可以对积极出版“国有著作权”作品的单位予以政策上的扶植和税收减免，以实现原权利人的意愿。国家版权局应设立专家委员会，对国有著作权作品进行评估，依据作品的质量、数量，结合所涉及原作者的艺术地位和学术成就、社会影响及其作品的市场价格等具体情况，向国家版权局提出建议。国家版权局根据评审专家的意见和建议，结合当年“国有著作权”捐赠奖励资金预算额度，审批当年国有作品的出版申请，并核定扶持资金额度。

8.3.3 建立“国有著作权”的公告制度

因“国有著作权”不同于普通著作权，从作品自完成之日起即享有著作权，国有著作权的获得应当采取公告制度，公告期满无人认领即为“国有”。按照《民法典》的规定申请认定财产无主，由公民、法人或者其他组织向财产所在地基层人民法院提出。申请书应当写明财产的种类、数量以及要求认定财产无主的根据。人民法院受理申请后，经审查核实，应当发出财产认领公告。公告满一年无人认领的，判决认定财产无主，收归国家或者集体所有。判决认定财产归国家所有后，原财产所有人或者继承人出现，在《民法典》规定的诉讼时效期间可以对财产提出请求，人民法院审查属实后，应当作出新判决，撤销原判决。确定公告程序的目的是寻找继承人，寻找对该财产享有权利的人，催告财产相互关系人尽快出现，这样才能够保护相关权利人。

对“无人继承又无人受遗赠”的作品由其原著作权人的所属地或经常居住地的地方版权局或相关单位和个人向当地法院做出“无人继承之著作财产权”认领公告。公告满一年无人认领，收归国家所有。国有所有权取得的日期为法院确权日期，但是这个所有权具有溯及力，可以追溯到被继承人死亡那一天。

8.3.4 建立“国有著作权”信息公开制度

因为国内外现在处于版权产业的高速发展期，为了有效管理“国有著作权”，尤其是保障主动赠予著作财产权的个人或单位的利益，国家版权局应当建立“国有著作权”数据库及信息公开制度，通过“国有著作权”数据库让公众了解“国有著作权”的作品，通过信息公开将对其所进行的展出、出版、影视改编、科学研究等活动进行公开，让公众能进一步了解权利的运行机制，培养对国家管理的信心和信任，配合“国有著作权”的保护，抵制对“国有著作权”的各种形式的违法侵权行为。

8.3.5 盈利分配机制

“国有著作权”通过授权许可的过程会产生一定的经济利益，其所产生的经济利益，在留存一定的奖励基金和权利补偿基金的情况下，盈利所得应当上交国库。例如，上海市人民政府于2000年1月3日发布的《上海市著作权管理若干规定》第6条内容。

8.3.6 国有著作权的权利限制

从法理上，国有著作财产权的具体权项和普通著作财产权的权项是一致的，但“国有著作财产权”的行使不应以营利为主要目的，应以有效地促进作品的传播，弘扬中华民族文化精髓为首要任务，所以在权利的行使过程中，应当关注非营利的教育机构、图书馆或档案馆的使用许可，允许非营利的教育机构、图书馆或者档案馆，为了社会公众利益，非营利地使用国家享有著作财产权的作品的特许权。

8.3.7 权利的保护和救济

加强“国有著作权”管理的目的是建立有效的“国有著作财产权”的授权许可机制及其权利救济机制。因为在版权产业大力发展的时代，“国有著作财产权”的开发和使用不仅能带来一定的经济效益，对蕴含中华传统、民族文化的优秀作品广泛传播带来的社会效益更是值得期待的。此外，当“国有著作财产权”受到侵害时，由地方或国家版权局作为诉讼主体提出诉求，有效保护“国有”著作财产权和人身权。

8.3.8 与“孤儿作品”管理的联动机制

“孤儿作品”中除了无法联系著作权人的情况，还包括著作权人死亡、公司解体、著作权人放弃行使或怠于行使著作权的情况。所以，“孤儿作品”的管理机构可以与“国有著作权”的管理机构联动，在“使用—提存”的过程中，积极推进公示制度。目前，我国著作权权属不清晰的大多数作品散落在图书馆、出版社手里，“国有著作权”管理组织应借鉴欧盟 ARROW 项目搭建“国有著作权”和“孤儿作品”集体管理平台，一是让图书馆、出版社或个人对自己持有的在著作权保护期内的“权利主体不确定”的作品主动进行登记；二是主动公示“孤儿作品”的数字化使用情况；三是提出疑似属于“国有著作权”的情况，并向法院提出认领公告。公告期结束后如无人认领，则视为国家享有著作权。

9　研究结论和研究不足

9.1 研究结论

“国有著作权”主要包括：(1)“非集体所有制”成员的自然人死亡且无继承人和受遗赠人的保护期限尚未届满的著作财产权，包括有继承人或受遗赠人但继承人或受遗赠人宣布放弃继承或遗赠的情况以及继承人不适格被取消继承权的情况；(2)法人、其他组织终止且无权利、义务承受人的保护期限尚未届满的著作财产权；(3)公民、法人或其他组织主动赠予国家的保护期限尚未届满的著作财产权；(4)公民通过遗赠协议主动赠予国家的著作权财产权；(5)国家依法通过其他方式取得的著作权财产权。在我国的司法和行政管理过程中已经出现“无人继承又无人受遗赠之著作财产权”纠纷的案例和公民主动将所拥有的著作财产权赠予国家的情况，所以国家应尽快出台《国有著作权管理办法》保护和有效管理“国有著作权”，以发扬“国有作品”的社会价值和文化价值，促进作品的传播。《国有著作权管理办法》中应明确“国有著作权”的管理机构；设立“国有著作权”捐赠奖励基金对主动赠予著作财产权的原权利人予以奖励，并配合出版保障机制以实现原权利人对作品传播的夙愿；另外，对“无人继承又无人受遗赠之著作财产权”的管理应设立公告制度，以保证“国有著作权”权利的确定经过法定程序；在“国有著作权”的确权、许可和使用、盈利分配等方面应当建立信息公开制度，保证“国有作品”使用者和公众对“国有著作权”的知情权和监督权。同时，“国有著作权”应区别于普通著作权，对图书馆、教育机构进行特许权许可，允许它们进行非营利的利用。最后，在制订《国有著作权管理办法》的同时，应考虑与“孤儿作品”的管理的联动，将潜在的“国有著作权”作品引入公告程序，促进作品的有效使用和传播。

9.2 存在的问题与不足

本书对“国有著作权”的概念、范围给出明确的定义，并有效地区分了“国有著作权”“孤儿作品”“无主作品”，并从多重角度论证“国有著作权”立法的正当性、合理性，以及管理的必要性，并建设性地提出“国有著作权”的具体管理机构和管理办法，为“国有著作权”的学术研究和行政管理打下坚实的理论基础。但是因课题研究的司法和行政案例较少，对“国有著作权”关注和了解的专业人士不多，导致课题在研究过程中面临研究资料严重缺乏的情况，所以该研究以定性研究为主，缺少适当的量化分析。在对外国“国有著作权”立法和管理的调研中也遇到了相似的问题，因为大部分国家都没有“国有著作权”立法和管理的经验，导致分析借鉴国外经验上存在资料不够充分的情况。加上研究时间的限制，研究结论提出的“国有著作权”的捐赠奖励机制、出版保障机制及与“孤儿作品”管理的联动机制等建议的提出没有经过相关管理部门和专家的论证。

在后续的研究中，将继续研读越南、柬埔寨等规定“国有著作权”的国家的具体管理措施和办法，并对上海等地的国有著作权管理实践进行进一步调研，继续探讨“国有著作权”和“孤儿作品”管理过程中的联动机制及其可行性。

参考文献

[1] 谷歌涉嫌大范围侵权中文图书 面临中国权利人指控［EB/OL］.（2009－10－14）［2021－09－25］. https：//www.chinanews.com/it/it－itxw/news/2009/10－14/1909914.shtml.

[2] 六小龄童谈“西游记”改编乱象：不能乱编和胡说［EB/OL］.（2014－04－28）［2021－09－25］. http：//www.chinanews.com/cul/2014/04－28/6111790.shtml.

[3] 吸睛又吸金 西游记 IP 成了中国电影的万灵丹?［EB/OL］.（2016－12－15）［2021－09－15］. http：//www.jiemian.com/article/1016405.html.

[4] 《十二国著作权法》翻译组．十二国著作权法［M］. 北京：清华大学出版社，2011.

[5] 陈雪娜．孤儿作品利用的法律问题研究［D］. 上海：华东政法大学，2012.

[6] 管育鹰．欧美孤儿作品问题解决方案的反思与比较：兼论我国《著作权法》相关条款的修改［J］. 河北法学，2013（6）：135－142.

[7] 韩莹莹．《2006 年孤儿作品法案》议案及《2008 年孤儿作品法案》议案［J］. 环球法律评论，2009（1）：151－160.

[8] 胡开忠，赵加兵．英国版权例外制度的最新修订及启示

[J]. 知识产权，2014 (8).
[9] 蹇瑞卿，于佳亮，马炳和. 探寻孤儿作品版权问题的解决之道：欧洲 ARROW 项目的实践与启示 [J]. 图书馆建设，2011 (10)：37-40.
[10] 金泳锋，彭婧. 孤儿作品保护大陆与香港之比较研究 [J]. 电子知识产权，201 (3)：69-71，75.
[11] 赖名芳. 国有著作权管理引起关注 [N]. 中国新闻出版报，2008-02-18 (001).
[12] 李琛. 论无人继承之著作财产权的处理 [J]. 电子知识产权，2008 (1)：10-11.
[13] 李先波，何文桃. 论无人继承且无人受遗赠的著作权归属：由《我的前半生》著作权纠纷引发的思考 [J]. 政治与法律，2008 (6)：101-104.
[14] 李芊. 数字时代日本孤儿作品裁定制度的变革与借鉴 [J]. 法制与社会，2015 (03)：34-35.
[15] 刘诚. 略论无主知识产品的权利问题 [J]. 福建江夏学院学报，2012 (1)：84-89.
[16] 刘宇琼. 公共政策意蕴下无主著作财产权归属探微：兼评《著作权法》第十九条的修改 [J]. 科技与出版，2014 (3)：16-20.
[17] 孟祥娟. 俄罗斯著作权法 [M]. 北京：法律出版社，2014.
[18] 汤妮燕. 我国无主作品著作权保护的司法困惑与破解路径 [J]. 河北法学，2015 (1)：182-190.
[19] 王本欣. 孤儿作品立法中图书馆著作权例外与限制研究：以美国和欧盟孤儿作品立法为例 [J]. 图书馆论坛，2014，34 (12)：42-48.

[20] 王本欣. 孤儿作品利用强制许可模式的通用性与差异性：以日本和加拿大著作权法为例 [J]. 图书馆论坛，2016，36 (6)：50－56.

[21] 王本欣，樊雁. 图书馆孤儿作品数字化著作权问题的解决方案：以欧美孤儿作品立法进程为视角 [J]. 图书馆建设，2014 (4)：89－93，88.

[22] 王本欣，曲红. 图书馆孤儿作品利用的法定许可制度研究：以著作权法第三次修改为背景 [J]. 图书情报工作，2013 (15)：77－82.

[23] 王果. 无主作品著作权归属的"公""私"之争 [J]. 中国版权，2016 (4)：53－56.

[24] 王迁."孤儿作品"制度设计简论 [J]. 中国版权，2013 (1)：30－33.

[25] 魏瑶. 孤儿作品著作权保护问题研究 [D]. 南京：南京理工大学，2018.

[26] 吴丹. 论版权制度下的"孤儿作品"问题 [D]. 北京：中国政法大学，2011.

[27] 肖少启. 我国无主作品著作权保护的路径选择与制度构建 [J]. 政治与法律，2016 (8)：112－125.

[28] 姚文平. 我国积极酝酿《国有著作权管理办法》[N]. 中国知识产权报，2008－02－22 (009).

[29] 袁泽清. 论孤儿作品的利用与保护 [J]. 西南民族大学学报（人文社科版），2008 (2)：243－247.

[30] 赵锐. 论孤儿作品的版权利用：兼论《著作权法》（修改草案）第25条 [J]. 知识产权，2012 (6)：58－62.

[31] 张俊浩. 民法学原理 [M]. 北京：中国政法大学出版社，1991.

[32] 张荣梅．对我国无主著作权作品权利的归属研究 [D]. 南昌：南昌大学，2014.
[33] 钟楚．情理与法理：《我的前半生》著作权问题学术研讨会论点摘编 [J]. 中国出版，2007 (12)：13-19.
[34] 周艳敏．无主著作财产权：国有还是公有?：从《我的前半生》的权属争议到我国《著作权法》的修改 [J]. 出版发行研究，2008 (4)：59-64.
[35] 周艳敏，宋慧献．关于孤儿作品著作权问题的立法设想 [J]. 电子知识产权，2011 (3)：72-75.

附录1　国有著作权管理研究问卷调查表

1. 您的受教育背景是________ [单选题]

A. 大专及以下

B. 本科

C. 硕士

D. 博士及以上

2. 您所从事的行业是________ [单选题]

A. 教育·文化·传媒

B. 互联网

C. 房产·机械·制造

D. 金融·法律

E. 交通·贸易

F. 生物·医疗

G. 政府·非营利组织

H. 其他

3. 您对溥仪《我的前半生》一书的著作财产权纠纷案有所了解吗?[单选题]

A. 了解

B. 仅听说过

C. 不了解

4. 您有听说过“孤儿作品”和“无主作品”的概念吗?[单选题]

A. 有

B. 没有

5. 您认为“无人继承又无人受遗赠之著作财产权”的作品和孤儿作品、无主作品有区别吗?[单选题]

A. 有

B. 没有

C. 不清楚

6. 您有听说过“国有著作权”的概念吗？［单选题］

A. 有

B. 没有

7. 您认为《我的前半生》一书的著作财产权在无人继承又无人受遗赠的情况下，是应归国家所有还是进入公有领域？请简要说明原因。［单选题］

A. 归国家所有

B. 进入公有领域

C. 不清楚

8. 结合溥仪《我的前半生》著作权纠纷案情况，您如何看待杨绛先生临终前将她与钱钟书先生二人全部作品著作权中因作品使用而获得的财产收益捐赠母校清华大学教育基金会，设立“好读书奖学金”？请简要说明原因。［单选题］

A. 支持

B. 不支持

9. 您认为我国现行《著作权法》中“无人继承又无人受遗赠”的作品的发表权由原件持有人行使的规定合理吗？请简要说明原因。［单选题］

A. 合理

B. 不合理

C. 不清楚

10. 您认为国家有无必要尽快出台《国有著作权管理办法》，对“无人继承又无人受遗赠之著作财产权”的作品进行合理、有效的管理？［单选题］

A. 有
B. 没有
C. 不清楚

附录2　专家访谈纪要

访谈对象：高校从事版权法研究的专家、版权法领域的资深律师、知识产权法院法官。

访谈内容：对《国有著作权管理办法》出台的意见和建议。

访谈一：

1. 问：现在中国的学术研究中，有些学者将“国有著作权”放在了“孤儿作品”“无主作品”的论述中，您如何看待这个问题？

答：应该将“国有著作权”与“孤儿作品”“无主作品”的概念加以区分，因为“国有著作权”顾名思义，权利属于国家，并不是“无主”的，也不是进入公共领域，得由公众自由利用。

2. 问：请问您怎么评价我国《著作权法》关于“无人继承又无人受遗赠”的法人作品和自然人作品的规定？

答：按照我国《著作权法》和《继承法》的规定，法人作品和自然人作品，没有继承人的著作财产权归国家享有，也就是“国有著作权”。这种立法和我国其他立法的整体思路是相一致的，比如“拾得遗失物”，找不到失主也是归国家。但这种立法不利于保护私有财产，不利于作品的流通，还会增加国家管理负担，值得批判。

3. 问：您认为我国《著作权法》规定“无人继承又无人受遗赠”的作品的发表权由原件持有人行使的规定合理吗？

答：有一定合理性，虽然著作人格权不能继承，且如果一个作者生前创作的作品并不想发表，之后发表了可能会违背作者意愿，但如果作者生前有明确的遗嘱或遗赠协议将其未发表的作品交给某人，则可推定作者有希望某人将该作品发表的意思，可以修法“遗嘱继承和受遗赠”的作品的发表权由原件遗嘱继承人和受遗赠人享有。

4. 问：我国现在有没有必要尽快出台类似《国有著作权管理办法》的政法规或规范性文件？为什么？

答：如果修法仍然保留国有著作权的规定的话，则有必要出台《国有著作权管理办法》。但应该尽量将该条款删除。

5. 问：如果国家出台《国有著作权管理办法》，在管理机构、管理办法上，您有何建议？

答：可以由著作权集体管理组织来管理。

访谈二：

1. 问：现在中国的学术研究中，有些学者将“国有著作权”放在了“孤儿作品”“无主作品”的论述中，您如何看待这个问题？

答：国家享有著作权的作品的使用，由国务院著作权行政管理部门管理。不应机械地认定为“无主作品”“孤儿作品”，也不属于“孤儿作品”。

2. 问：请问您怎么评价目前我国《著作权法》关于“无人继承又无人受遗赠”的法人作品和自然人作品的规定？

答：著作权作为一种财产权利，当然适用《继承法》的相关规定。如果是在没有法定继承人，也没有遗嘱、遗赠的情况下，根据现行的法律规定，依法应该属于国家所有或者是集体所有制组织所有。由国家或集体所有制组织授权集体组织来管理“国有作品”，无疑是有益的。

3. 问：您认为我国《著作权法》规定“无人继承又无人受遗赠”的作品的发表权由原件持有人行使的规定合理吗？

答：不合理。

4. 问：我国现在有没有必要尽快出台类似《国有著作权管理办法》的行政法规或规范性文件？为什么？

答：有必要。在全球知识产权保护框架下，立足于自身的实际情况制定本国的知识产权战略，趋利避害，最大限度地维护我国著作权利益，在积极主动参与全球化的进程中谋求自身的发展，不断提高我国在知识产权贸易中的话语权并逐步建立主导地位。

5. 问：如果国家出台《国有著作权管理办法》，在管理机构、管理办法上，您有何建议？

答：个人认为管理机构应由全国性的权威性的版权管理机构来管理。管理办法应公开征求意见。

访谈三：

1. 问：现在中国的学术研究中，有些学者将“国有著作权”放在了“孤儿作品”“无主作品”的论述中，您如何看待这个问题？

答：个人认为，如此归类有些问题。“国有著作权”这一概念本身，即说明了作品著作权的归属，无论是孤儿作品还是无主作品，都是无法确定著作权人的情况。正如国有企业、国有资产这样的概念一样，国有著作权同样应为国家享有著作权的作品。

2. 问：请问您怎么评价目前我国《著作权法》关于“无人继承又无人受遗赠”的法人作品和自然人作品的规定？

答：暂无意见。

3. 问：您认为我国《著作权法》规定“无人继承又无人受遗赠”的作品的发表权由原件持有人行使的规定合理吗？

答：这一规定并非我国所独有，在其他国家和地区也的确出现过相关的争议，但总的来说，这一规定的目的在于使得一些珍贵的手稿得以在作者离世后得到传播，乃促进文化传承之举。

4. 问：我国现在有没有必要尽快出台类似《国有著作权管理办法》的行政法规或规范性文件？为什么？

答：参见下一个问题的回答。

5. 问：如果国家出台《国有著作权管理办法》，在管理机构、管理办法上，您有何建议？

答：国有著作权最大的问题，主要来自三个方面：第一，如何提高权利行使的效率；第二，如何确定作品收益的归属；第三，如何防止侵权损害。因此，在管理机构、管理办法上最需要明确的，首先是明确作品的管理部门，其次是构建对国有作品创作和传播的激励机制。

访谈四：

1. 问：现在中国的学术研究中，有些学者将“国有著作权”放在了“孤儿作品”“无主作品”的论述中，您如何看待这个问题？

答：这恐怕不大合适。孤儿作品是不知道作者是谁，或者虽然知道，但无法联系的作品。根据继承法的规定，作品尚在保护期内，但作者去世后无继承人或受遗赠人的，著作财产权归国家所有。此类作品著作财产权的“主”是很清楚的，因此不属于“无主作品”。

2. 问：请问您怎么评价目前我国《著作权法》关于“无人继承又无人受遗赠”的法人作品和自然人作品的规定？

答：根据《继承法》和《著作权法实施条例》的规定，无论是何类作品，无人继承又无人受遗赠的，著作人身权由国家保护，著作财产权由国家所有。该规定是清楚的，法理上是有依据的。只是如何保护权利，如何行使权利，还需要有更加细化的规定。

3. 问：您认为我国《著作权法》规定“无人继承又无人受遗赠”的作品的发表权由原件持有人行使的规定合理吗?

答：“发表权由原件持有人行使”的立法本意是原件所有人可以发表作品，并追究未经许可发表者的法律责任。该条在数字时代之前是有意义的，可以促进作品的传播，避免因找不到作者而使作品无法发表。但在数字时代，由于原件和复制件的区别在进行数字化创作时几乎消失（可以考虑用word软件在计算机中写出的小说的原件和复制件如何区分），“原件所有人”会越来越少或越来越难以辨别，这条规定的意义就不大了。

4. 问：我国现在有没有必要尽快出台类似《国有著作权管理办法》的行政法规或规范性文件？为什么？

答：有必要。《著作权法》的立法目的之一就是鼓励作品的传播。只有明确了对于国家享有著作权的作品，他人应如何获得许可、付费并加以使用，以及如何对此类作品进行有效保护，才能实现这一立法目的。

5. 问：如果国家出台《国有著作权管理办法》，在管理机构、管理办法上，您有何建议？

答：建议由国家版权局代表国家保护此类作品的人身权利和行使财产权利。《办法》的具体内容应明确国家版权局在此方面的职责、许可使用的程序和办法、发生侵权时的保护措施（比如由国家版权局作为权利人起诉），以及许可收入或侵权损害赔偿金的管理等。

访谈五：

1. 问：现在中国的学术研究中，有些学者将“国有著作权”放在了“孤儿作品”“无主作品”的论述中，您如何看待这个问题?

答：这种做法并不合适。所谓“孤儿作品”或“无主作品”（orphan work），是指享有版权但作者或权利人身份不明或者经过尽力查找仍然无法确定作者或权利人的作品。而“国有著作权”根据我国《著作权法》第19条的规定主体身份非常明确，就是国家享有。国家享有不代表人人享有，更不代表进入公有领域而不受法律保护。“国有著作权”的作品不是“孤儿作品”或“无主作品”。

2. 问：怎么评价目前我国《著作权法》关于“无人继承又无人受遗赠”的法人作品和自然人作品的规定？

答：认同“由国家享有”的现行规定。

3. 问：您认为我国《著作权法》规定“无人继承又无人受遗赠”的作品的发表权由原件持有人行使的规定合理吗？

答：从著作权的立法宗旨来看，这有利于作者的智力成果在社会上传播，有利于社会公共利益。因此，从原则上看，可以认同我国《著作权法》关于“无人继承又无人受遗赠”的作品的发表权由原件持有人行使的规定。但是，如果涉及侵害他人隐私权或其他合法权益的，应当予以必要限制。

4. 问：我国现在有没有必要尽快出台类似《国有著作权管理办法》的行政法规或规范性文件？为什么？

答：随着国有著作权在实践中数量的不断增加，从保护国有无形资产防止不当流失的角度，的确有这样的立法必要。

5. 问：如果国家出台《国有著作权管理办法》，在管理机构、管理办法上，您有何建议？

答：管理结构上可仍由原有的各级著作权行政管理部门负责；管理办法上可以在鉴定评估后根据作品的不同价值和性质确定对应的管理级别和部门。

访谈六：

1. 问：现在中国的学术研究中，有些学者将“国有著作权”放在了“孤儿作品”“无主作品”的论述中，您如何看待这个问题？

答：“孤儿作品”“无主作品”与“国有著作权”应严格地加以区分，论述中有提到，也很正常。

2. 问：怎么评价目前我国《著作权法》关于“无人继承又无人受遗赠”的法人作品和自然人作品的规定？

答：其实，“无人继承又无人受遗赠”的作品直接进入公有领域的话，既可以增强文化的传播，又可以不给国家增添管理这些作品的负担。同时这些作品进入公有领域，会更有利于作品的自由传播与使用，符合国家文化发展的战略。

3. 问：您认为我国《著作权法》规定“无人继承又无人受遗赠”的作品的发表权由原件持有人行使的规定合理吗？

答：不合理。发表权属于精神权利，专属于作者，不得转让，不得继承、赠予。即便作者生前未明确表示不发表，也不能由其本人之外的其他人来行使发表权。

4. 问：我国现在有没有必要尽快出台类似《国有著作权管理办法》的行政法规或规范性文件？为什么？

答：如果在第三次修改《著作权法》时，仍保留草案中有关“国有著作权”规定的话，则有必要出台类似《国有著作权管理办法》的行政法规，以便让规定落地。当然，著作权毕竟是私权利，尽量不设定此类法规，更符合我国制定的市场经济国策。

5. 问：如果国家出台《国有著作权管理办法》，在管理机构、管理办法上，您有何建议？

答：由集体管理组织来管理更合适一些。因为，集体管理组织是版权管理社会化的一种重要形式，得到了世界很多国家和地区的认可与执行，从实践看也确实有效地保护了著作权人的利益，促进了文化作品的传播与使用，对文化的大发展起到了积极的推动作用。

访谈七：

1. 问：现在中国的学术研究中，有些学者将“国有著作权”放在了“孤儿作品”“无主作品”的论述中，您如何看待这个问题？

答：这是不合理的，显示了我国学术研究对待这几个问题的局限性。

2. 问：怎么评价目前我国《著作权法》关于“无人继承又无人受遗赠”的法人作品和自然人作品的规定？

答：法人作品的现有规定较清晰明确，关于自然人的作品规定存在一定的问题。

3. 问：您认为我国《著作权法》规定“无人继承又无人受遗赠”的作品的发表权由原件持有人行使的规定合理吗？

答：不合理。这种规定在传统版权时代有一定的意义，但是在数字数代很难区分原件持有人。

4. 问：我国现在有没有必要尽快出台类似《国有著作权管理办法》的行政法规或规范性文件？为什么？

答：有必要，既然国家立法规定了国有的概念，那么就有必要尽快出台相关管理文件。

5. 问：如果国家出台《国有著作权管理办法》，在管理机构、管理办法上，您有何建议？

答：应由国家版权局管理，并且注意管理方式和盈利收入分配等问题。

访谈八：

1. 问：现在中国的学术研究中，有些学者将“国有著作权”放在了“孤儿作品”“无主作品”的论述中，您如何看待这个问题？

答：这个恐怕有问题，无主和孤儿应该不是一个概念，需要进一步解释清楚。

2. 问：怎么评价目前我国《著作权法》关于“无人继承又无人受遗赠”的法人作品和自然人作品的规定？

答：合理，基本符合国际立法规范。

3. 问：您认为我国《著作权法》规定“无人继承又无人受遗赠”的作品的发表权由原件持有人行使的规定合理吗？

答：不合理。原件持有人和国家享有著作权之间的权利主体冲突。

4. 问：我国现在有没有必要尽快出台类似《国有著作权管理办法》的行政法规获规范性文件？为什么？

答：应该尽快出台，而且应尽快把公共领域的作品人身权尽快保护起来。

5. 问：如果国家出台《国有著作权管理办法》，在管理机构、管理办法上，您有何建议？

答：国家版权局可以授予行业协会来管理国有著作权。

访谈九：

1. 问：知识产权法院近年来有没有类似溥仪《我的前半生》著作权纠纷案例？

答：没有类似案例，多是著作权侵权纠纷案例。

2. 问：我国现在有没有必要尽快出台类似《国有著作权管理办法》的行政法规获规范性文件？为什么？

答：应该尽快出台，尽管没有类似案例，但既然法律规定了国有的情况，就应该出台管理细则。

3. 问：如果国家出台《国有著作权管理办法》，在管理机构、管理办法上，您有何建议？

答：国家版权局，要明确权利救济方式。

访谈十：

1. 问：有没有过类似《长征画集》的著作权捐赠情况？

答：暂时没有。

2. 问：我国现在有没有必要尽快出台类似《国有著作权管理办法》的行政法规获规范性文件？为什么？

答：既然有过类似捐赠情况，就应尽快出台相关管理办法，实现原权利人的愿望，发挥作品价值，传承文化。

3. 问：如果国家出台《国有著作权管理办法》，在管理机构、管理办法上，您有何建议？

答：国家版权局应该比较合适。

附录3　《中华人民共和国著作权法》

中华人民共和国著作权法

(1990年9月7日第七届全国人民代表大会常务委员会第十五次会议通过。根据2001年10月27日第九届全国人民代表大会常务委员会第二十四次会议《关于修改〈中华人民共和国著作权法〉的决定》第一次修正。根据2010年2月26日第十一届全国人民代表大会常务委员会第十三次会议《关于修改〈中华人民共和国著作权法〉的决定》第二次修正。根据2020年11月11日第十三届全国人民代表大会常务委员会第二十三次会议《关于修改〈中华人民共和国著作权法〉的决定》第三次修正)

第一章 总 则

第一条 为保护文学、艺术和科学作品作者的著作权，以及与著作权有关的权益，鼓励有益于社会主义精神文明、物质文明建设的作品的创作和传播，促进社会主义文化和科学事业的发展与繁荣，根据宪法制定本法。

第二条 中国公民、法人或者非法人组织的作品，不论是否发表，依照本法享有著作权。

外国人、无国籍人的作品根据其作者所属国或者经常居住地国同中国签订的协议或者共同参加的国际条约享有的著作权，受本法保护。

外国人、无国籍人的作品首先在中国境内出版的，依照本法享有著作权。

未与中国签订协议或者共同参加国际条约的国家的作者以及无国籍人的作品首次在中国参加的国际条约的成员国出版的，或者在成员国和非成员国同时出版的，受本法保护。

第三条 本法所称的作品，是指文学、艺术和科学领域内具有独创性并能以一定形式表现的智力成果，包括：

（一）文字作品；

（二）口述作品；

（三）音乐、戏剧、曲艺、舞蹈、杂技艺术作品；

（四）美术、建筑作品；

（五）摄影作品；

（六）视听作品；

（七）工程设计图、产品设计图、地图、示意图等图形作品和模型作品；

（八）计算机软件；

（九）符合作品特征的其他智力成果。

第四条 著作权人和与著作权有关的权利人行使权利，不得违反宪法和法律，不得损害公共利益。国家对作品的出版、传播依法进行监督管理。

第五条 本法不适用于：

（一）法律、法规，国家机关的决议、决定、命令和其他具有立法、行政、司法性质的文件，及其官方正式译文；

（二）单纯事实消息；

（三）历法、通用数表、通用表格和公式。

第六条 民间文学艺术作品的著作权保护办法由国务院另行规定。

第七条 国家著作权主管部门负责全国的著作权管理工作；县级以上地方主管著作权的部门负责本行政区域的著作权管理

工作。

第八条 著作权人和与著作权有关的权利人可以授权著作权集体管理组织行使著作权或者与著作权有关的权利。依法设立的著作权集体管理组织是非营利法人，被授权后可以以自己的名义为著作权人和与著作权有关的权利人主张权利，并可以作为当事人进行涉及著作权或者与著作权有关的权利的诉讼、仲裁、调解活动。

著作权集体管理组织根据授权向使用者收取使用费。使用费的收取标准由著作权集体管理组织和使用者代表协商确定，协商不成的，可以向国家著作权主管部门申请裁决，对裁决不服的，可以向人民法院提起诉讼；当事人也可以直接向人民法院提起诉讼。

著作权集体管理组织应当将使用费的收取和转付、管理费的提取和使用、使用费的未分配部分等总体情况定期向社会公布，并应当建立权利信息查询系统，供权利人和使用者查询。国家著作权主管部门应当依法对著作权集体管理组织进行监督、管理。

著作权集体管理组织的设立方式、权利义务、使用费的收取和分配，以及对其监督和管理等由国务院另行规定。

第二章 著作权

第一节 著作权人及其权利

第九条 著作权人包括：

（一）作者；

（二）其他依照本法享有著作权的自然人、法人或者非法人组织。

第十条 著作权包括下列人身权和财产权：

（一）发表权，即决定作品是否公之于众的权利；

（二）署名权，即表明作者身份，在作品上署名的权利；

（三）修改权，即修改或者授权他人修改作品的权利；

（四）保护作品完整权，即保护作品不受歪曲、篡改的权利；

（五）复制权，即以印刷、复印、拓印、录音、录像、翻录、翻拍、数字化等方式将作品制作一份或者多份的权利；

（六）发行权，即以出售或者赠与方式向公众提供作品的原件或者复制件的权利；

（七）出租权，即有偿许可他人临时使用视听作品、计算机软件的原件或者复制件的权利，计算机软件不是出租的主要标的的除外；

（八）展览权，即公开陈列美术作品、摄影作品的原件或者复制件的权利；

（九）表演权，即公开表演作品，以及用各种手段公开播送作品的表演的权利；

（十）放映权，即通过放映机、幻灯机等技术设备公开再现美术、摄影、视听作品等的权利；

（十一）广播权，即以有线或者无线方式公开传播或者转播作品，以及通过扩音器或者其他传送符号、声音、图像的类似工具向公众传播广播的作品的权利，但不包括本款第十二项规定的权利；

（十二）信息网络传播权，即以有线或者无线方式向公众提供，使公众可以在其选定的时间和地点获得作品的权利；

（十三）摄制权，即以摄制视听作品的方法将作品固定在载体上的权利；

（十四）改编权，即改变作品，创作出具有独创性的新作品的权利；

（十五）翻译权，即将作品从一种语言文字转换成另一种语言文字的权利；

（十六）汇编权，即将作品或者作品的片段通过选择或者编排，汇集成新作品的权利；

（十七）应当由著作权人享有的其他权利。

著作权人可以许可他人行使前款第（五）项至第（十七）项规定的权利，并依照约定或者本法有关规定获得报酬。

著作权人可以全部或者部分转让本条第一款第（五）项至第（十七）项规定的权利，并依照约定或者本法有关规定获得报酬。

第二节　著作权归属

第十一条　著作权属于作者，本法另有规定的除外。

创作作品的自然人是作者。

由法人或者非法人组织主持，代表法人或者非法人组织意志创作，并由法人或者非法人组织承担责任的作品，法人或者非法人组织视为作者。

第十二条　在作品上署名的自然人、法人或者非法人组织为作者，且该作品上存在相应权利，但有相反证明的除外。

作者等著作权人可以向国家著作权主管部门认定的登记机构办理作品登记。

与著作权有关的权利参照适用前两款规定。

第十三条　改编、翻译、注释、整理已有作品而产生的作品，其著作权由改编、翻译、注释、整理人享有，但行使著作权时不得侵犯原作品的著作权。

第十四条　两人以上合作创作的作品，著作权由合作作者共同享有。没有参加创作的人，不能成为合作作者。

合作作品的著作权由合作作者通过协商一致行使；不能协

商一致，又无正当理由的，任何一方不得阻止他方行使除转让、许可他人专有使用、出质以外的其他权利，但是所得收益应当合理分配给所有合作作者。

合作作品可以分割使用的，作者对各自创作的部分可以单独享有著作权，但行使著作权时不得侵犯合作作品整体的著作权。

第十五条 汇编若干作品、作品的片段或者不构成作品的数据或者其他材料，对其内容的选择或者编排体现独创性的作品，为汇编作品，其著作权由汇编人享有，但行使著作权时，不得侵犯原作品的著作权。

第十六条 使用改编、翻译、注释、整理、汇编已有作品而产生的作品进行出版、演出和制作录音录像制品，应当取得该作品的著作权人和原作品的著作权人许可，并支付报酬。

第十七条 视听作品中的电影作品、电视剧作品的著作权由制作者享有，但编剧、导演、摄影、作词、作曲等作者享有署名权，并有权按照与制作者签订的合同获得报酬。

前款规定以外的视听作品的著作权归属由当事人约定；没有约定或者约定不明确的，由制作者享有，但作者享有署名权和获得报酬的权利。

视听作品中的剧本、音乐等可以单独使用的作品的作者有权单独行使其著作权。

第十八条 自然人为完成法人或者非法人组织工作任务所创作的作品是职务作品，除本条第二款的规定以外，著作权由作者享有，但法人或者非法人组织有权在其业务范围内优先使用。作品完成两年内，未经单位同意，作者不得许可第三人以与单位使用的相同方式使用该作品。

有下列情形之一的职务作品，作者享有署名权，著作权的其他权利由法人或者非法人组织享有，法人或者非法人组织可以给予作者奖励：

（一）主要是利用法人或者非法人组织的物质技术条件创作，并由法人或者非法人组织承担责任的工程设计图、产品设计图、地图、示意图、计算机软件等职务作品；

（二）报社、期刊社、通讯社、广播电台、电视台的工作人员创作的职务作品；

（三）法律、行政法规规定或者合同约定著作权由法人或者非法人组织享有的职务作品。

第十九条 受委托创作的作品，著作权的归属由委托人和受托人通过合同约定。合同未作明确约定或者没有订立合同的，著作权属于受托人。

第二十条 作品原件所有权的转移，不改变作品著作权的归属，但美术、摄影作品原件的展览权由原件所有人享有。

作者将未发表的美术、摄影作品的原件所有权转让给他人，受让人展览该原件不构成对作者发表权的侵犯。

第二十一条 著作权属于自然人的，自然人死亡后，其本法第十条第一款第（五）项至第（十七）项规定的权利在本法规定的保护期内，依法转移。

著作权属于法人或者非法人组织的，法人或者非法人组织变更、终止后，其本法第十条第一款第（五）项至第（十七）项规定的权利在本法规定的保护期内，由承受其权利义务的法人或者非法人组织享有；没有承受其权利义务的法人或者非法人组织的，由国家享有。

第三节 权利的保护期

第二十二条 作者的署名权、修改权、保护作品完整权的保护期不受限制。

第二十三条 自然人的作品，其发表权、本法第十条第一款第（五）项至第（十七）项规定的权利的保护期为作者终生及其死亡后五十年，截止于作者死亡后第五十年的12月31日；如果是合作作品，截止于最后死亡的作者死亡后第五十年的12月31日。

法人或者非法人组织的作品、著作权（署名权除外）由法人或者非法人组织享有的职务作品，其发表权的保护期为五十年，截止于作品创作完成后第五十年的12月31日；本法第十条第一款第（五）项至第（十七）项规定的权利的保护期为五十年，截止于作品首次发表后第五十年的12月31日，但作品自创作完成后五十年内未发表的，本法不再保护。

视听作品，其发表权的保护期为五十年，截止于作品创作完成后第五十年的12月31日；本法第十条第一款第（五）项至第（十七）项规定的权利的保护期为五十年，截止于作品首次发表后第五十年的12月31日，但作品自创作完成后五十年内未发表的，本法不再保护。

第四节　权利的限制

第二十四条 在下列情况下使用作品，可以不经著作权人许可，不向其支付报酬，但应当指明作者姓名或者名称、作品名称，并且不得影响该作品的正常使用，也不得不合理地损害著作权人的合法权益：

（一）为个人学习、研究或者欣赏，使用他人已经发表的作品；

（二）为介绍、评论某一作品或者说明某一问题，在作品中适当引用他人已经发表的作品；

（三）为报道新闻，在报纸、期刊、广播电台、电视台等媒体中不可避免地再现或者引用已经发表的作品；

（四）报纸、期刊、广播电台、电视台等媒体刊登或者播放其他报纸、期刊、广播电台、电视台等媒体已经发表的关于政治、经济、宗教问题的时事性文章，但著作权人声明不许刊登、播放的除外；

（五）报纸、期刊、广播电台、电视台等媒体刊登或者播放在公众集会上发表的讲话，但作者声明不许刊登、播放的除外；

（六）为学校课堂教学或者科学研究，翻译、改编、汇编、播放或者少量复制已经发表的作品，供教学或者科研人员使用，但不得出版发行；

（七）国家机关为执行公务在合理范围内使用已经发表的作品；

（八）图书馆、档案馆、纪念馆、博物馆、美术馆、文化馆等为陈列或者保存版本的需要，复制本馆收藏的作品；

（九）免费表演已经发表的作品，该表演未向公众收取费用，也未向表演者支付报酬，且不以营利为目的；

（十）对设置或者陈列在公共场所的艺术作品进行临摹、绘画、摄影、录像；

（十一）将中国公民、法人或者非法人组织已经发表的以国家通用语言文字创作的作品翻译成少数民族语言文字作品在国内出版发行；

（十二）以阅读障碍者能够感知的无障碍方式向其提供已经发表的作品；

（十三）法律、行政法规规定的其他情形。

前款规定适用于对与著作权有关的权利的限制。

第二十五条 为实施义务教育和国家教育规划而编写出版教科书，可以不经著作权人许可，在教科书中汇编已经发表的作品片段或者短小的文字作品、音乐作品或者单幅的美术作品、摄影作品、图形作品，但应当按照规定向著作权人支付报酬，指明作者姓名或者名称、作品名称，并且不得侵犯著作权人依照本法享有的其他权利。

前款规定适用于对与著作权有关的权利的限制。

第三章　著作权许可使用和转让合同

第二十六条　使用他人作品应当同著作权人订立许可使用合同，本法规定可以不经许可的除外。

许可使用合同包括下列主要内容：

（一）许可使用的权利种类；

（二）许可使用的权利是专有使用权或者非专有使用权；

（三）许可使用的地域范围、期间；

（四）付酬标准和办法；

（五）违约责任；

（六）双方认为需要约定的其他内容。

第二十七条　转让本法第十条第一款第（五）项至第（十七）项规定的权利，应当订立书面合同。

权利转让合同包括下列主要内容：

（一）作品的名称；

（二）转让的权利种类、地域范围；

（三）转让价金；

（四）交付转让价金的日期和方式；

（五）违约责任；

（六）双方认为需要约定的其他内容。

第二十八条　以著作权中的财产权出质的，由出质人和质权人依法办理出质登记。

第二十九条　许可使用合同和转让合同中著作权人未明确

许可、转让的权利，未经著作权人同意，另一方当事人不得行使。

第三十条 使用作品的付酬标准可以由当事人约定，也可以按照国家著作权主管部门会同有关部门制定的付酬标准支付报酬。当事人约定不明确的，按照国家著作权主管部门会同有关部门制定的付酬标准支付报酬。

第三十一条 出版者、表演者、录音录像制作者、广播电台、电视台等依照本法有关规定使用他人作品的，不得侵犯作者的署名权、修改权、保护作品完整权和获得报酬的权利。

第四章 与著作权有关的权利

第一节 图书、报刊的出版

第三十二条 图书出版者出版图书应当和著作权人订立出版合同，并支付报酬。

第三十三条 图书出版者对著作权人交付出版的作品，按照合同约定享有的专有出版权受法律保护，他人不得出版该作品。

第三十四条 著作权人应当按照合同约定期限交付作品。图书出版者应当按照合同约定的出版质量、期限出版图书。

图书出版者不按照合同约定期限出版，应当依照本法第六十一条的规定承担民事责任。

图书出版者重印、再版作品的，应当通知著作权人，并支付报酬。图书脱销后，图书出版者拒绝重印、再版的，著作权人有权终止合同。

第三十五条 著作权人向报社、期刊社投稿的，自稿件发出之日起十五日内未收到报社通知决定刊登的，或者自稿件发出之日起三十日内未收到期刊社通知决定刊登的，可以将同一作品向其他报社、期刊社投稿。双方另有约定的除外。

作品刊登后，除著作权人声明不得转载、摘编的外，其他报刊可以转载或者作为文摘、资料刊登，但应当按照规定向著作权人支付报酬。

第三十六条 图书出版者经作者许可，可以对作品修改、删节。

报社、期刊社可以对作品作文字性修改、删节。对内容的修改，应当经作者许可。

第三十七条 出版者有权许可或者禁止他人使用其出版的图书、期刊的版式设计。

前款规定的权利的保护期为十年，截止于使用该版式设计的图书、期刊首次出版后第十年的12月31日。

第二节 表 演

第三十八条 使用他人作品演出，表演者应当取得著作权人许可，并支付报酬。演出组织者组织演出，由该组织者取得著作权人许可，并支付报酬。

第三十九条 表演者对其表演享有下列权利：

（一）表明表演者身份；

（二）保护表演形象不受歪曲；

（三）许可他人从现场直播和公开传送其现场表演，并获得报酬；

（四）许可他人录音录像，并获得报酬；

（五）许可他人复制、发行、出租录有其表演的录音录像制品，并获得报酬；

（六）许可他人通过信息网络向公众传播其表演，并获得报酬。

被许可人以前款第（三）项至第（六）项规定的方式使用作品，还应当取得著作权人许可，并支付报酬。

第四十条 演员为完成本演出单位的演出任务进行的表演为职务表演，演员享有表明身份和保护表演形象不受歪曲的权利，其他权利归属由当事人约定。当事人没有约定或者约定不明确的，职务表演的权利由演出单位享有。

职务表演的权利由演员享有的，演出单位可以在其业务范围内免费使用该表演。

第四十一条 本法第三十九条第一款第（一）项、第（二）项规定的权利的保护期不受限制。

本法第三十九条第一款第（三）项至第（六）项规定的权利的保护期为五十年，截止于该表演发生后第五十年的12月31日。

第三节 录音录像

第四十二条 录音录像制作者使用他人作品制作录音录像制品，应当取得著作权人许可，并支付报酬。

录音制作者使用他人已经合法录制为录音制品的音乐作品制作录音制品，可以不经著作权人许可，但应当按照规定支付报酬；著作权人声明不许使用的不得使用。

第四十三条 录音录像制作者制作录音录像制品，应当同表演者订立合同，并支付报酬。

第四十四条 录音录像制作者对其制作的录音录像制品，享有许可他人复制、发行、出租、通过信息网络向公众传播并获得报酬的权利；权利的保护期为五十年，截止于该制品首次制作完成后第五十年的12月31日。

被许可人复制、发行、通过信息网络向公众传播录音录像制品，应当同时取得著作权人、表演者许可，并支付报酬；被许可人出租录音录像制品，还应当取得表演者许可，并支付报酬。

第四十五条 将录音制品用于有线或者无线公开传播，或者通过传送声音的技术设备向公众公开播送的，应当向录音制作者支付报酬。

第四节 广播电台、电视台播放

第四十六条 广播电台、电视台播放他人未发表的作品，应当取得著作权人许可，并支付报酬。

广播电台、电视台播放他人已发表的作品，可以不经著作权人许可，但应当按照规定支付报酬。

第四十七条 广播电台、电视台有权禁止未经其许可的下列行为：

（一）将其播放的广播、电视以有线或者无线方式转播；

（二）将其播放的广播、电视录制以及复制；

（三）将其播放的广播、电视通过信息网络向公众传播。

广播电台、电视台行使前款规定的权利，不得影响、限制或者侵害他人行使著作权或者与著作权有关的权利。

本条第一款规定的权利的保护期为五十年，截止于该广播、电视首次播放后第五十年的12月31日。

第四十八条 电视台播放他人的视听作品、录像制品，应当取得视听作品著作权人或者录像制作者许可，并支付报酬；播放他人的录像制品，还应当取得著作权人许可，并支付报酬。

第五章 著作权和与著作权有关的权利的保护

第四十九条 为保护著作权和与著作权有关的权利，权利人可以采取技术措施。

未经权利人许可，任何组织或者个人不得故意避开或者破坏技术措施，不得以避开或者破坏技术措施为目的制造、进口或者向公众提供有关装置或者部件，不得故意为他人避开或者破坏技术措施提供技术服务。但是，法律、行政法规规定可以避开的情形除外。

本法所称的技术措施，是指用于防止、限制未经权利人许可浏览、欣赏作品、表演、录音录像制品或者通过信息网络向公众提供作品、表演、录音录像制品的有效技术、装置或者部件。

第五十条 下列情形可以避开技术措施，但不得向他人提供避开技术措施的技术、装置或者部件，不得侵犯权利人依法享有的其他权利：

（一）为学校课堂教学或者科学研究，提供少量已经发表的作品，供教学或者科研人员使用，而该作品无法通过正常途径获取；

（二）不以营利为目的，以阅读障碍者能够感知的无障碍方式向其提供已经发表的作品，而该作品无法通过正常途径获取；

（三）国家机关依照行政、监察、司法程序执行公务；

（四）对计算机及其系统或者网络的安全性能进行测试；

（五）进行加密研究或者计算机软件反向工程研究。

前款规定适用于对与著作权有关的权利的限制。

第五十一条 未经权利人许可，不得进行下列行为：

（一）故意删除或者改变作品、版式设计、表演、录音录像制品或者广播、电视上的权利管理信息，但由于技术上的原因无法避免的除外；

（二）知道或者应当知道作品、版式设计、表演、录音录像制品或者广播、电视上的权利管理信息未经许可被删除或者改变，仍然向公众提供。

第五十二条 有下列侵权行为的，应当根据情况，承担停止侵害、消除影响、赔礼道歉、赔偿损失等民事责任：

（一）未经著作权人许可，发表其作品的；

（二）未经合作作者许可，将与他人合作创作的作品当作自己单独创作的作品发表的；

（三）没有参加创作，为谋取个人名利，在他人作品上署名的；

（四）歪曲、篡改他人作品的；

（五）剽窃他人作品的；

（六）未经著作权人许可，以展览、摄制视听作品的方法使用作品，或者以改编、翻译、注释等方式使用作品的，本法另有规定的除外；

（七）使用他人作品，应当支付报酬而未支付的；

（八）未经视听作品、计算机软件、录音录像制品的著作权人、表演者或者录音录像制作者许可，出租其作品或者录音录像制品的原件或者复制件的，本法另有规定的除外；

（九）未经出版者许可，使用其出版的图书、期刊的版式设计的；

（十）未经表演者许可，从现场直播或者公开传送其现场表演，或者录制其表演的；

（十一）其他侵犯著作权以及与著作权有关的权利的行为。

第五十三条 有下列侵权行为的，应当根据情况，承担本法第五十二条规定的民事责任；侵权行为同时损害公共利益的，由主管著作权的部门责令停止侵权行为，予以警告，没收违法所得，没收、无害化销毁处理侵权复制品以及主要用于制作侵权复制品的材料、工具、设备等，违法经营额五万元以上的，可以并处违法经营额一倍以上五倍以下的罚款；没有违法经营额、违法经营额难以计算或者不足五万元的，可以并处二十五万元以下的罚款；构成犯罪的，依法追究刑事责任：

（一）未经著作权人许可，复制、发行、表演、放映、广播、汇编、通过信息网络向公众传播其作品的，本法另有规定的除外；

（二）出版他人享有专有出版权的图书的；

（三）未经表演者许可，复制、发行录有其表演的录音录像制品，或者通过信息网络向公众传播其表演的，本法另有规定的除外；

（四）未经录音录像制作者许可，复制、发行、通过信息网络向公众传播其制作的录音录像制品的，本法另有规定的除外；

（五）未经许可，播放、复制或者通过信息网络向公众传播广播、电视的，本法另有规定的除外；

（六）未经著作权人或者与著作权有关的权利人许可，故意避开或者破坏技术措施的，故意制造、进口或者向他人提供主要用于避开、破坏技术措施的装置或者部件的，或者故意为他人避开或者破坏技术措施提供技术服务的，法律、行政法规另有规定的除外；

（七）未经著作权人或者与著作权有关的权利人许可，故意删除或者改变作品、版式设计、表演、录音录像制品或者广播、电视上的权利管理信息的，知道或者应当知道作品、版式设计、表演、录音录像制品或者广播、电视上的权利管理信息未经许可被删除或者改变，仍然向公众提供的，法律、行政法规另有规定的除外；

（八）制作、出售假冒他人署名的作品的。

第五十四条 侵犯著作权或者与著作权有关的权利的，侵权人应当按照权利人因此受到的实际损失或者侵权人的违法所得给予赔偿；权利人的实际损失或者侵权人的违法所得难以计算的，可以参照该权利使用费给予赔偿。对故意侵犯著作权或者与著作权有关的权利，情节严重的，可以在按照上述方法确定数额的一倍以上五倍以下给予赔偿。

权利人的实际损失、侵权人的违法所得、权利使用费难以计算的，由人民法院根据侵权行为的情节，判决给予五百元以上五百万元以下的赔偿。

赔偿数额还应当包括权利人为制止侵权行为所支付的合理开支。

人民法院为确定赔偿数额，在权利人已经尽了必要举证责任，而与侵权行为相关的账簿、资料等主要由侵权人掌握的，可以责令侵权人提供与侵权行为相关的账簿、资料等；侵权人不提供，或者提供虚假的账簿、资料等的，人民法院可以参考权利人的主张和提供的证据确定赔偿数额。

人民法院审理著作权纠纷案件，应权利人请求，对侵权复制品，除特殊情况外，责令销毁；对主要用于制造侵权复制品的材料、工具、设备等，责令销毁，且不予补偿；或者在特殊情况下，责令禁止前述材料、工具、设备等进入商业渠道，且不予补偿。

第五十五条 主管著作权的部门对涉嫌侵犯著作权和与著作权有关的权利的行为进行查处时，可以询问有关当事人，调查与涉嫌违法行为有关的情况；对当事人涉嫌违法行为的场所和物品实施现场检查；查阅、复制与涉嫌违法行为有关的合同、发票、账簿以及其他有关资料；对于涉嫌违法行为的场所和物品，可以查封或者扣押。

主管著作权的部门依法行使前款规定的职权时，当事人应当予以协助、配合，不得拒绝、阻挠。

第五十六条 著作权人或者与著作权有关的权利人有证据证明他人正在实施或者即将实施侵犯其权利、妨碍其实现权利的行为，如不及时制止将会使其合法权益受到难以弥补的损害的，可以在起诉前依法向人民法院申请采取财产保全、责令作出一定行为或者禁止作出一定行为等措施。

第五十七条 为制止侵权行为，在证据可能灭失或者以后难以取得的情况下，著作权人或者与著作权有关的权利人可以在起诉前依法向人民法院申请保全证据。

第五十八条 人民法院审理案件，对于侵犯著作权或者与著作权有关的权利的，可以没收违法所得、侵权复制品以及进行违法活动的财物。

第五十九条 复制品的出版者、制作者不能证明其出版、制作有合法授权的，复制品的发行者或者视听作品、计算机软件、录音录像制品的复制品的出租者不能证明其发行、出租的复制品有合法来源的，应当承担法律责任。

在诉讼程序中，被诉侵权人主张其不承担侵权责任的，应当提供证据证明已经取得权利人的许可，或者具有本法规定的不经权利人许可而可以使用的情形。

第六十条 著作权纠纷可以调解，也可以根据当事人达成的书面仲裁协议或者著作权合同中的仲裁条款，向仲裁机构申请仲裁。

当事人没有书面仲裁协议，也没有在著作权合同中订立仲裁条款的，可以直接向人民法院起诉。

第六十一条 当事人因不履行合同义务或者履行合同义务不符合约定而承担民事责任，以及当事人行使诉讼权利、申请保全等，适用有关法律的规定。

第六章 附 则

第六十二条 本法所称的著作权即版权。

第六十三条 本法第二条所称的出版，指作品的复制、发行。

第六十四条 计算机软件、信息网络传播权的保护办法由国务院另行规定。

第六十五条 摄影作品，其发表权、本法第十条第一款第（五）项至第（十七）项规定的权利的保护期在2021年6月1日前已经届满，但依据本法第二十三条第一款的规定仍在保护期内的，不再保护。

第六十六条 本法规定的著作权人和出版者、表演者、录音录像制作者、广播电台、电视台的权利，在本法施行之日尚未超过本法规定的保护期的，依照本法予以保护。

本法施行前发生的侵权或者违约行为，依照侵权或者违约行为发生时的有关规定处理。

第六十七条 本法自1991年6月1日起施行。

附录4　欧盟《数字化单一市场版权指令》

第一章 基本规定

第1条 主旨和范围

1. 本指令的规定旨在进一步协调内部市场框架内适用于版权及相关权的联盟法律，特别考虑到对受保护内容的数字化使用和跨境使用。本指令还规定了版权及相关权利的例外和限制、许可证的便利化等方面的规则，以及旨在确保针对作品和其他内容的开发利用建立一个良好市场的规则。

2. 除第24条所述情况外，本指令应保持下列指令的完整性，不得影响该领域现行指令中规定的现行规则，特别是96/9/EC指令，2000/31/EC指令，2001/2/EC指令，2006/115/EC指令，2009/24/EC指令，2012/28/EU指令和2014/26/EU指令。

第2条 定义

就本指令而言，适用以下定义：

(1)“研究机构”指大学（包括其图书馆）、研究所，以及其他以进行科学研究或开展涉及科学研究的教育活动为主要目的的实体。该机构应当符合：

(a) 以非营利为基础，或将所有利润再投资于其科学研究；或者

(b) 出于为成员国所承认的公共利益而进行研究。

并且，对该机构有决定性（decisive）影响的主体不能够优先获取该机构产出的研究成果。

(2)“文本和数据挖掘”是指任何旨在分析数字形式的文本和数据的自动分析技术，以便生成包括但不限于模型、趋势、相关性等在内的信息。

（3）“文化遗产机构”是指可公开进入的图书馆或博物馆，档案馆或电影、音频遗产机构。

（4）“新闻出版物”是指主要由新闻性文学作品构成的合集，但也可以包括其他类型的作品或内容，并且：

（a）构成期刊或以同一标题定期更新的出版物（例如报纸或者综合或特定方向的杂志）中的一项独立内容（individual item）；

（b）以向一般公众提供新闻或者其他话题相关信息为目的；

（c）发表在任意媒体中，且由服务提供者发起（initiative）、承担编辑责任（editorial responsibility），以及控制（control）。

为科学或学术目的出版的期刊，例如科学杂志，不是本指令所指的新闻出版物。

（5）“信息社会服务”是指（EU）2015/1535 指令第 1 条第 1 款（b）项规定的服务。

（6）“在线内容分享服务提供者”是指，主要目的或主要目的之一是储存、提供由其用户上传的大量受版权保护的作品与其他受版权保护内容，且为营利目的组织和推广上述内容的信息社会服务提供者。

非营利性服务提供者，例如在线百科全书、非营利目的教育或科学资源库、开源软件研发和共享平台、（EU）2018/1972 指令中定义的电子通信服务提供商、线上商务平台，企业云服务提供者和允许用户为其个人目的上传自用内容的云服务提供者，不属于本指令规定的“在线内容分享服务提供者”。

第二章　使例外和限制适应数字和跨境环境的措施

第 3 条　以科学研究为目的的文本和数据挖掘

1. 成员国应当规定，科研机构和文化遗产机构为科学研究目的进行文本和数据挖掘，对其合法获取的作品或其他内容进行复制与提取的行为，属于96/9/EC指令第5条（a）项与第7条第1款，2001/29/EC指令第2条以及本指令第15条第1款所规定的权利的例外。

2. 第一款所规定的作品或其他内容的副本应以适当的安全等级储存，可保留作科学研究之用，包括为验证研究结果之用。

3. 权利人可以采取措施确保承载作品或其他受版权保护内容的网络和数据库的安全性和完整性，但该措施不应超过实现这一目标所必需的限度。

4. 成员国应鼓励权利人、研究机构、文化遗产机构共同商定关于适用第2款所述义务和第3款所述措施的最佳做法。

第4条　文本和数据挖掘的例外或限制

1. 成员国应规定，以文本和数据挖掘为目的，对合法获取的作品或其他内容进行复制与提取的行为，属于96/9/EC指令第5条（a）项与第7条第1款，2001/29/EC指令第2条，2009/24/EC指令第4条第1款（a）和（b）项，以及本指令第15条第1款所规定的权利的例外。

2. 以进行文本和数据挖掘为目的，根据第1款复制和提取的作品或其他内容可保留到必要时为止。

3. 适用第1款规定的例外或限制的条件是，权利人没有以适当方式明确保留对上述作品或其他内容的使用，例如针对网上公开提供的内容采取机器可读的方式。

4. 本条不影响本指令第3条的适用。

第5条　在数字和跨境教育活动中使用作品或其他内容

1. 成员国应规定96/9/EC指令第5条（a）项、（b）项、（d）项和（e）项和第7条第1款，2001/29/EC指令第2条及第3条，2009/24/EC指令第4条第1款，以及本指令第15条第1款所规定的权利的例外或限制，以允许在实现非商业目的正当限度内，为教学说明这一单纯目的而对作品或其他内容进行数字化使用，只要该使用：

（a）在教育机构负责的教育场地或其他场所，或通过只有教育机构的学生和教学人员才能进入的安全电子环境进行；

（b）附有包括作者姓名的来源说明，除非事实上无法做到。

2. 尽管有第7条第1款的规定，成员国可规定，根据第1款采取的例外或限制不具有适用性，或不适用于特定使用方式或特定类型的作品或其他内容，例如主要供应于教育市场的材料或乐谱，只要在市场上容易获得授权实施本条第1款所述行为的，符合教育机构需求和特殊条件的合适许可协议。

决定采纳本款第一段之规定的成员国应采取必要措施，确保授权实施本条第1款所述行为的许可协议，以适当的方式对教育机构可见和可用。

3. 根据成员国依据本条之规定而制定的法律规定，为教学说明这一单纯目的而通过安全的电子环境对作品和其他内容进行的使用，应被视为仅在该教育机构所在的成员国内发生。

4. 成员国可以就根据本条第1款使用作品或其他内容的行为，给权利人提供公平补偿。

第6条　文化遗产的保存

成员国应规定，为保存作品或其他内容的目的，以及在此项保存的必要范围内，文化遗产机构以任何格式或媒介复制任何由其永久收藏的作品或其他内容，属于96/9/EC指令第5条（a）项和第7条第1款，2001/29/EC指令第2条，2009/24/EC指令第4条第1款（a）项和本指令第15条第1款所规定的权利的例外。

第7条　通用条款

1. 任何与第3条、第5条和第6条规定的例外相冲突的合同条款均不可执行。

2. 2001/29/EC指令第5条第5款应适用于本章规定的例外和限制。2001/29/EC指令第6条第4款第1、3、5段的规定适用于本指令第3条至第6条。

第三章　改善授权许可实践、确保内容广泛获取的措施

第一节　非流通的作品和其他内容

第8条　文化遗产机构使用非流通的作品和其他内容

1. 成员国应规定，集体管理组织根据权利人授权，可以与文化遗产机构缔结非商业目的的非排他性许可，以便复制、发行、向公众传播或向公众提供由该机构永久保存的非流通作品或其他内容，不论所有涵盖在该许可中的权利人是否都已授权该集体管理组织，只要：

（a）基于其授权，集体管理组织充分代表了相关类型作品或其他内容的权利人，以及该集体许可涉及的权利；

（b）保证所有权利人在许可条款方面享有平等待遇。

2. 成员国应规定，文化遗产机构为了非商业目的而（向公众）提供永久存放在其馆藏中的非流通作品或其他内容，属于96/9/EC指令第5条（a）项、（b）项、（d）项和（e）项和第7条第1款，2001/29/EC指令第2条和第3条，2009/24/EC指令第4条第1款和本指令第15条第1款规定的权利的例外或限制，只要：

（a）作者的姓名或任何其他可识别的权利人被指明，除非事实上无法做到；

（b）此类作品或其他内容在非商业网站上（向公众）提供。

3. 成员国应规定，第2款规定的例外或限制仅适用于不存在符合第1款（a）项所述条件的集体管理组织的作品或其他内容类型。

4. 成员国应规定，所有权利人可在任何时候，无论是在一般情况下还是在特定情况下，包括在许可证达成后或有关使用开始后，轻松有效地将其作品或其他内容排除在第1款所述许可证机制之外，或排除在第2款所规定的例外或限制的适用范围之外。

5. 在尽到合理努力确定公众是否可以获得作品或其他内容后，如果可善意推测出公众不能通过正常的商业渠道获取整部作品或其他内容的，应当认定该作品或其他内容不处于商业流通领域。

成员国可规定具体要求，如截止日期，以确定作品和其他内容能否根据第1款获得许可或根据第2款规定的例外或限制使用。这一要求不应超出必要和合理范围，且当可以合理推定所有作品或其他内容都不处于商业流通领域时，不排除将一组作品或其他内容（a set of works or other subject matter）整体认定为“不处于商业流通领域”的可能性。

6. 成员国应规定，第1款所规定的许可证应向代表文化遗产机构所在的成员国的集体管理组织申请。

7. 对于一组非流通作品或其他内容，如果基于第5款提到的合理努力（reasonable effort），有证据证明其主要包含以下内容的，则不应适用本条规定：

（a）作品或其他内容首次发表，或在没有出版的情况下在第三国首次播放，但电影或视听作品除外；

（b）电影和视听作品的制作人的总部或惯常居所在第三国的；

(c) 或者，根据 (a) 和 (b) 项并经过合理努力后，无法确定第三国国民的作品或其他内容所属的具体成员国或第三国。

作为对第一段的减损，本条应适用于集体管理组织在第1款 (a) 项的含义内充分代表相关第三国权利人的情况。

第9条　跨境使用

1. 成员国应确保，文化遗产机构根据第8条之规定订立的许可，可在任何成员国内使用不处于商业流通领域的作品或其他内容。

2. 根据第8条第2款规定的例外或限制对作品或其他内容进行的使用，应被视为仅发生在作出前述使用行为的文化遗产机构所在的成员国。

第10条　公告措施

1. 为识别为第8条第1款规定的许可证所涵盖的，或者根据第8条第2款规定的例外或限制使用的非流通作品或其他内容，成员国应确保，在作品或其他内容依据前述许可机制，或者例外或限制而被发行、向公众传播或向公众提供前至少6个月，在一个公开的单一门户网站上，永久、便利、有效地提供、公开以下信息：来自文化遗产机构、集体管理组织，或相关公共机构的信息，以及关于第8条第4款给权利人提供的选择权的信息，以及关于许可协议当事人、地域范围和使用的信息（一旦可以获得这些信息且这些信息是相关的）。

门户网站应由欧盟知识产权局根据第386/2012号（欧盟）条例建立和管理。

2. 成员国应规定，在需要引起多数权利人的注意时，可以对下列信息采取额外的适当公告措施：集体管理组织根据第8条规定许可作品或其他内容的可能性、已授予的许可、第8条第2款规定的例外或限制下的使用，以及第8条第4款给权利人提供的选择权。

本款第一段提到的适当公告措施应该在根据第8条第1款寻求许可的成员国中采取，或者针对依据第8条第2款规定的例外或限制作出的使用行为，在文化遗产机构所在的成员国采取。如果有证据显示，在其他成员国或第三国（例如作品或其他内容的起源国）公告能够更有效地引起权利人的注意，则应当也在这些成员国和第三国内实施这一公告措施。

第11条　利益相关方对话

成员国在确定第8条第5款所规定的具体要求前，应当咨询每一领域的权利人、集体管理组织，以及文化遗产机构，并应当鼓励用户代表、权利人组织、集体管理组织，以及任何其他利益相关组织举行分领域的定期对话，以促进第8条第1款所述许可机制的参与度和可用性，并确保本节所述权利人的保障措施的有效性。

第二节　促进集体许可的措施

第12条　延伸性集体许可

1. 成员国可以规定，只要在其国境内的使用行为属于本条规定的保护措施适用范围的，那么受执行2014/26/EU指令的成员国法律规则约束的集体管理组织根据其权利人的授权，就作品或其他内容的开发利用订立许可协议的：

（a）这一许可协议可延伸适用于没有通过协议、许可或其他合同性协议授权该集体管理组织的权利人的权利；

（b）或者，就该协议而言，该组织具有法定授权，或被推定为代表未对该组织进行相应授权的权利人。

2. 成员国应确保第1款所述的许可机制仅适用于明确界定的使用领域，即由于使用方式的性质或是作品或其他内容的类型，从个别基础上获得权利人的授权通常是繁重且不切实际的，从而使得所需的许可交易不太可能实现，并且应确保此类机制保障权利人的合法利益。

3. 就第1款而言，成员国应当提供以下保障措施：

（a）该集体管理组织根据权利人的授权，充分代表相关类型的作品或其他内容的权利人，并充分代表相关许可所涵盖的权利；

（b）保证所有权利人在许可条款方面享有平等待遇；

（c）未授权该组织许可其权利的权利人可随时、轻易、有效地将其作品或其他内容从根据本条确立的许可协议中排除；

（d）在根据许可使用作品或其他作品前的合理期限内，采取适当的公告措施，提醒权利人注意：集体管理组织根据本条许可作品或其他内容的可能性，根据本条正在实施的许可，以及（c）项提供给权利人的选择权。公告措施应当是有效的，但无须单独通知每一个权利人。

4. 本条不妨碍符合其他欧盟法律规定的延伸性集体许可机制的适用性，包括涉及例外或限制的规定。

本条不适用于权利的强制集体管理。

2014/26/EU 指令第7条应适用于本条规定的许可机制。

5. 如果成员国在其国内法中规定了本条规定的许可机制，该成员国应告知委员会对应的成员国法律规定的范围，依据这些规定可能引入的许可的目的和种类，依据该许可机制签发许可的组织的联系方式，以及许可证、第3款（c）项提供给权利人的选择权等信息的获取方式。欧盟委员会应公布此信息。

6. 基于根据本条第5款获得的信息，以及基于2001/29/EC指令第12条第3款建立的联系委员会内进行的讨论，欧盟委员会应在2021年4月10日之前向欧洲议会和欧盟理事会提交一份关于在欧盟内采用本条第1款所述许可机制及其对许可和权利人（包括不是发放许可证组织成员的权利人，或者是另一成员国国民或居民的权利人）的影响的报告，该许可机制在促进文化内容传播上的有效性以及其对欧盟内部市场的影响，包括跨境服务提供和竞争。欧盟委员会的报告应酌情附有立法提案，包括此类国家机制的跨境影响。

第三节　视频点播平台上提供、获取视听作品

第 13 条　协商机制

成员国应确保，为在视频点播服务上提供视听作品而寻求达成协议的各方当事人在面临与权利许可有关的困难时，可以寻求中立机构或调解人（mediator）的协助。该中立机构（成员国为本条目的设立或指定的机构）和调解人应协助各方当事人进行协商，并协助其达成协议，包括在适当情形下向各方提交建议书。

在本指令生效后 24 个月内，成员国应将第一段所述机构或调解人告知欧盟委员会。如果成员国选择调解方式，则应至少告知欧盟委员会，获得受委托调解人相关信息的途径（在可能的情况下）。

第四节　公共领域的视觉艺术作品

第 14 条　公共领域的视觉艺术作品

成员国应当规定，当视觉艺术作品的保护期限届满时，因该作品复制行为而产生的任何材料不受版权或相关权利的限制，除非该复制行为产生的材料是原创的，即该材料是作者自己的智力创造。

第四章　构建运行良好的版权市场的措施

第一节　出版物中的权利

第 15 条　新闻出版物的在线使用保护

1. 成员国应当规定，在一个成员国成立的新闻出版物的出版者，对于信息社会服务提供者在线使用其新闻出版物，享有

2001/29/EC 指令第 2 条和第 3 条第 2 款规定的权利。

本款规定的权利不适用于个人使用者对于新闻出版物的私人或非商业使用。

本款提供的保护不适用于超链接行为。

本款规定的权利不适用于对新闻出版物的个别字词（individual words）或非常简短摘录（very short extracts）的使用。

2. 第 1 款所述权利不得改变且不得以任何方式影响作者或其他权利人按照欧盟法律对包含在新闻出版物中的作品或其他受保护内容所享有的权利。第 1 款所述权利不能被用来对抗作者和其他权利人，尤其是不能剥夺他们独立开发利用新闻出版物中包含的作品和其他受保护内容的权利。

当一个作品或其他受保护内容基于非独家许可，被纳入到新闻出版物中时，第 1 款所述权利不得被拿来禁止其他获得授权的使用者使用该作品或其他受保护内容。第 1 款所述权利不得被拿来禁止已过保护期限的作品或其他受保护内容的使用。

3. 对于本条第 1 款所述权利，2001/29/EC 指令第 5 条至第 8 条以及 2012/28/EU 指令以及欧洲议会和理事会 2017/1564（欧盟）指令应参照适用。

4. 第 1 款所述权利的保护期限为新闻出版物出版后 2 年。该期限从新闻出版物出版后次年 1 月 1 日起算。

第 1 款不适用于本指令生效之前首次出版的新闻出版物。

5. 成员国应确保，对于新闻出版商因信息社会服务提供者使用其新闻出版物而获得的收入，新闻出版物中包含的作品的作者可以从中获得适当的份额。

第 16 条　合理补偿请求

成员国可以规定，当作者将其作品中的某项权利转让或许可给出版者后，该转让或许可协议即为出版者提供了充分法律依据，使其有权：针对属于被转让或许可的权利的例外或限制的作品使用行为，请求一份补偿。

前述规定不应妨碍成员国内针对公共借阅权的现有和未来安排。

第二节　在线服务对受保护内容的特定使用

第 17 条　在线内容分享服务提供者对受保护内容的使用

1. 成员国应当规定，在线内容分享服务提供者（online content sharing service provider）允许公众访问其用户上传的版权作品或其他受保护内容的，其实施了本指令意义上的向公众传播或向公众提供行为。

在线内容分享服务提供者须根据2001/29/EC 指令第 3 条第 1 款和第 2 款向权利人取得授权，例如通过签订许可协议获得授权，以便向公众传播或向公众提供作品和其他内容。

2. 成员国应当规定，当在线内容分享服务提供者获得授权，例如通过达成许可协议获得授权时，该授权之范围还应当包括2001/29/EC 指令第 3 条规定的服务的使用者实施的非商业性质的上传行为或者是没有带来可观的收入的活动。

3. 当在线内容分享服务提供者实施向公众传播或向公众提供作品和其他内容的行为，2000/31/EC 指令第 14 条第 1 款规定的责任限制不适用于本条所涵盖的情况。

本款第一段的规定不应影响 2000/31/EC 指令第 14 条第 1 款适用于本指令范围之外的服务提供者的可能性。

4. 如果未获得授权，在线内容分享服务提供者应对未经授权的向公众传播（包括向公众提供）受版权保护的作品和其他内容的行为承担责任，除非服务提供者证明其有以下行为：

（a）已经尽最大努力获得授权；

（b）对于权利人已向服务提供者提供了相关且必要信息的

作品和其他内容，根据专业注意义务的较高行业标准（high industry standards of professional diligence），已经尽到最大努力来确保特定作品或其他内容不被获得；

（c）在收到权利人发出的充分实质通知（sufficiently substantiated notice）后，已经迅速采取行动，从其网站上移除或断开访问所通知的作品或其他内容，并根据（b）项的规定，尽最大努力防止它们将来被上传。

5. 在确定服务提供者是否遵守第4款规定的义务时，应考虑比例原则，并考虑以下因素：

（a）服务的类型、受众和规模，以及使用者上传的作品和其他内容的类型；

（b）适当且有效的手段的可用性及其给服务提供者带来的成本。

6. 成员国应当规定，对于新的在线内容分享服务提供者，当其服务在联盟内向公众提供不满三年，且根据2003/361/EC委员会建议计算的年营业额少于1000万欧元时，第4款设定的责任机制下的条件仅限于遵守第4款（a）项的规定，以及在接到充分实质通知后，迅速采取行动，从其网站上断开访问或移除被通知的作品或其他内容。根据上一个日历年计算，如果这些服务提供者的每月独立访问者的平均数量超过500万，其还须证明，在权利人已经提供了相关和必要的信息的情况下，已经尽到最大努力防止进一步上传所通知的作品和其他内容。

7. 在线内容服务提供者与权利人之间的合作，不得导致阻止提供用户上传的不侵犯版权和相关权利的作品和其他内容，包括符合例外或限制的作品和其他内容。

成员国应确保所有成员国的用户，在在线内容分享服务上上传、提供用户生成内容时，能够依赖以下现有的例外和限制：

（a）引用、批评、评论；

（b）为讽刺、戏仿或模仿目的而使用。

8. 本条的适用不应导致一般监控义务。

成员国应当规定，在线内容分享服务提供者应当应权利人的要求，向其提供关于第 4 款规定的合作所涉措施和做法的运作情况的充分信息，以及当服务提供者与权利人签订许可协议时关于该协议所涉内容之使用情况的信息。

9. 成员国应规定，在就移除或阻止访问用户上传的作品或其他内容发生争议时，在线内容分享服务提供者应向其服务的用户提供有效且迅速的投诉和救济机制。

当权利人请求移除或断开访问其特定作品或其他内容时，其应当为其请求及时提供正当理由。根据本款第一段规定的机制提交的投诉应毫不拖延地进行处理，删除或断开访问上传内容的决定应接受人工审查。成员国还应确保为解决争端提供法庭外救济机制。这些机制应使争议得到公正解决，不得剥夺成员国国内法为用户所提供的法律保护，同时不得损害用户诉诸有效司法救济的权利。特别是，成员国应确保用户可以诉诸法院或其他相关司法机构，来主张版权和相关权利的例外或限制。

本指令不得影响合法使用，例如联盟法律规定的例外和限制下的使用，并且不得导致识别个人用户或处理个人数据，除非符合 2002/58/EC 指令和 2016/679（欧盟）条例的规定。

在线内容分享服务提供者应在其条款和条件中告知用户，其可以根据联盟法律规定的版权和相关权的例外或限制，来使用作品和其他内容。

10. 自［本指令生效之日］起，委员会应与成员国合作，组织利益相关方对话，讨论在线内容分享服务提供者与权利人之间合作的最佳实践。委员会应与在线内容分享服务提供者、权利人、用户组织和其他相关利益方协商，并考虑到利益相关方对话的结果，就本条的适用问题发布指导意见，特别是针对第 4 款所述的合作（cooperation）。在讨论最佳做法时，应特别考虑平衡基本权利和版权例外与限制的需要。为了利益相关方对话的目的，用户组织应能从在线内容分享服务提供者获得有关第 4 款涉及的措施和做法之运行情况的充分信息。

第三节 作者、表演者开发合同中的公平报酬

第 18 条 合理适当报酬原则

1. 成员国应确保，如果作者和表演者许可或转让开发利用其作品或其他内容的专有权，他们有权获得适当且相称的报酬。

2. 在成员国国内法中执行第 1 款规定的原则时，成员国应可以自由地使用不同的机制，并考虑到契约自由原则，以及权利与利益的公平平衡。

第 19 条 透明度义务

1. 成员国应在考虑各领域特殊性的情况下，确保作者和表演者能够定期——至少一年一次——从与他们达成了权利许可或转让协议的当事人或其继承人那里获得关于他们的作品及表演之开发利用的最新、相关和全面的信息，尤其是关于开发利用模式、所有产生的收入和应付的报酬等方面的信息。

2. 成员国应确保，当第 1 款提及的权利随后被许可时，在第一个合同相对人未持有第 1 款所要求的所有信息的情况下，作者和表演者或其代表（representative）可以请求从分被许可人（sub-licensee）处获得额外信息。

如果要求提供额外信息，作者、表演者的第一个合同相对人应提供分被许可人的身份信息。

成员国可规定，根据本款第一段向分被许可人提出的请求，可以直接或间接地通过作品、表演者的第一个合同相对人作出。

3. 第1款规定的义务应适当并有效，以确保在每个领域都实现较高水平的透明度。成员国可规定，在正当合理的情况下，当由于遵守第1款规定的义务而导致的管理负担与作品或表演之开发利用而产生的收入之间不相称时，该义务仅限于此情形下可以合理期望的信息类型和水平。

4. 成员国可以决定，当作者或表演者的贡献对于整个的作品或表演并不显著时，本条第1款规定的义务不适用，除非作者或表演者证明他（或她）为行使第20条第1款规定的权利需要相关信息，并为此目的而请求提供相关信息。

5. 成员国可规定，对于受集体谈判协议约束或以集体谈判协议为基础的协议，适用相关集体谈判协议中的透明度规则，但这些规则必须符合第1款至第4款规定的标准。

6. 当适用2014/26/EU指令第18条时，本条第1款规定的义务不适用于下列实体（entity）所达成的协议：（1）2014/26/EU指令第3条（a）项和（b）项所定义的实体；（2）受执行该指令的成员国法律规则约束的其他实体。

第20条　合同调整机制

1. 成员国应确保，在没有可适用的集体谈判协议提供与本条规定的机制相类似的机制的情况下，当最初约定的报酬被证明显著地低于从作品或表演开发利用中产生的所有后续相关收入时，作者和表演者或其代表有权向与其订立开发利用合同的对方当事人或其继承人主张额外的适当合理报酬。

2. 本条第1款不适用于，由2014/26/EU指令第3条（a）项和（b）项所定义的实体，或已经受执行该指令的成员国法律规则约束的其他实体所缔结的协议。

第21条　替代性纠纷解决程序

成员国应规定，可向自愿性的替代性纠纷解决程序提交涉及第19条所规定的透明度义务和第20条所规定的合同调整机制的争端。成员国应确保，作者和表演者的代表组织，可应一名或多名作者、表演者的明确请求，发起此类程序。

第22条 撤销权

1. 成员国应确保，在作者或表演者以独占方式许可或转让其对作品或其他受保护内容的权利的情况下，如果未对该作品或其他受保护内容进行开发利用，则作者或表演者可以全部或部分地撤销权利之许可或转让。

2. 成员国国内法可对第1款规定的撤销机制作出具体规定，考虑下列因素：

（a）不同领域的独特性，以及作品和表演的不同类型；

（b）在作品或其他内容包括多个作者或表演者的贡献的情况下，每个人的贡献的相对重要性，以及单个作者或表演者诉诸撤回机制对所有作者和表演者正当利益的影响。

如果作品或其他内容通常包含多个作者或表演者的贡献，成员国可将这些作品或其他内容排除在撤销机制的适用范围之外。

成员国可规定，撤销机制只能在特定时限内适用，只要根据特定领域的独特性或涉及的作品、其他内容的类型，这种限制被证明是正当的。

成员国可以规定，作者或表演者可以选择终止合同的排他性，而不是撤销许可证或权利转让。

3. 成员国应规定，第1款规定的撤销只能在许可缔结或权利转让后的合理期间内行使。作者或表演者应通知与之达成权利许可或转让协议的人，并设定一个适当的最后期限来允许开发利用许可或转让的权利。截止日期到期后，作者或表演者可以选择终止合同的排他性，而不是撤销许可证或权利转让。

4. 如果开发利用的缺失，主要是由于可以合理期待作者或表演者来进行救济的情形，则不适用第1款。

5. 成员国可规定，对第1款规定的撤销机制造成减损的任何合同条款，只有基于集体谈判协议时才可执行。

第23条　通用条款

1. 成员国应确保，任何妨碍遵守第19条、第20条和第21条的合同条款对作者和表演者均无执行力。

2. 成员国应规定，本指令第18条至第22条不适用于指令2009/24/EC第2条意义上的计算机程序的作者。

第五章　最终条款

第24条　对96/9/EC指令和2001/29/EC指令的修订

1. 对96/9/EC指令作如下修订：

（a）第6条第2款中的（b）项被下列内容替换：

“（b）在不影响欧盟议会和理事会XXX（欧盟）指令【译者注：即本指令】所规定的例外和限制的情况下，只要注明来源，并在实现非商业目的的正当限度内，为教学说明或科学研究这一单纯目的而使用的。”

（b）第9条中的（b）项被下列内容替换：

“（b）在不影响（欧盟）指令规定的例外和限制的情况下，只要注明来源，并在实现非商业目的的正当限度内，为教学说明或科学研究的目的而进行提取的。”

2. 对2001/29/EC指令作如下修订：

（a）第5条第2款中的（c）项被下列内容替换：

“（c）在不影响欧盟议会和理事会XXX（欧盟）指令所规定的例外情况和限制的情况下，对于由公共图书馆、教育机构、博物馆、档案馆进行的不具有直接或间接经济或商业利益的具体复制行为。”

（b）第5条第3款中的（a）项被下列内容替换：

“（a）在不影响（欧盟）指令规定的例外和限制的情况下，为教学说明或科学研究的单纯目的而使用，只要注明来源，包括作者姓名（除非这被证明不可实现，且在实现非商业目的的正当限度内）。”

（c）在第12条第4款条中，新增下列几项：

“（e）研究（欧盟）指令转换对内部市场运作的影响，并突出可能的转换困难；

（f）促进关于立法和判例法的相关发展，以及关于成员国为执行（欧盟）指令而采取的措施的实际适用情况的信息的交换；

（g）讨论（欧盟）指令适用中产生的任何问题。”

第25条　与其他指令中规定的例外和限制的关系

对于本指令中规定的例外或限制所涵盖的使用或领域，成员国可采取或维持更宽泛的规定，并与96/9/EC指令和2001/29/EC指令中规定的例外和限制相兼容。

第26条　及时适用

1.［本指令生效日后的24个月后（含当天）］，本指令应适用于版权领域的成员国法律所保护的所有作品和其他内容。

2.本指令之适用不应妨碍［本指令生效日后24个月之前］达成的行为和获得的权利。

第27条　过渡性条款

作者和表演者的权利许可或转让协议，应［从本指令生效日后36个月起］受第19条规定的透明度义务的约束。

第28条　个人数据保护

在本指令框架内进行的个人数据处理，须遵照2002/58/EC指令及2016/679（欧盟）条例进行。

第29条　转换

1. 成员国应在［本指令生效日后24个月内］，使遵守本指令所需的法律、法规和行政规定生效。成员国应将执行情况立即通知委员会。

当成员国制定前述规定时，这些规定应提及（reference）本指令，或在正式公布这些规定时附带提及本指令。成员国应规定提及的方法。

2. 成员国应将其在本指令所涉领域中制定的国内法的主要规定的文本送交委员会。

第30条　审查

1. 委员会应在［本指令生效日7年后］，对本指令进行审查，并就主要审查结果向欧盟议会、理事会和欧洲经济与社会委员会提交报告。

欧盟委员会应在［本指令生效日5年后］，评估针对第17条第6款之下的年营业额低于1000万欧元且其服务在欧盟向公众提供不足三年的在线内容分享服务提供者适用第17条规定的特殊责任机制的影响，并酌情根据其评估结论采取行动。

2. 各成员国应向委员会提供准备第1款所述报告所需的必要信息。

第31条　生效

本指令应在其在欧盟公报（Official Journal of European Union）上公布后的第20天生效。

第32条　发送

本指令发送给各成员国。

附录5　欧盟《孤儿作品指令》

DIRECTIVE 2012/28/EU OF THE EUROPEAN PARLIAMENT AND OF THE COUNCIL

of 25 October 2012

on certain permitted uses of orphan works

(Text with EEA relevance)

THE EUROPEAN PARLIAMENT AND THE COUNCIL OF THE EUROPEAN UNION,

Having regard to the Treaty on the Functioning of the European Union, and in particular Articles 53 (1), 62 and 114 thereof,

Having regard to the proposal from the European Commission,

After transmission of the draft legislative act to the national parliaments,

Having regard to the opinion of the European Economic and Social Committee[1],

Acting in accordance with the ordinary legislative procedure[2],

Whereas:

(1) Publicly accessible libraries, educational establishments and museums, as well as archives, film or audio heritage institutions and public-service broadcasting organisations, established in the Member States, are engaged in large-scale digitisation of their collections or archives in order to create European Digital Librar-

---

[1] OJC 376, 22. 12. 2011, p. 66.

[2] Position of the European Parliament of 13 September 2012 (not yet published in the Official Journal) and decision of the Council of 4 October 2012.

ies. They contribute to the preservation and dissemination of European cultural heritage, which is also important for the creation of European Digital Libraries, such as Europeana. Technologies for mass digitisation of print materials and for search and indexing enhance the research value of the libraries' collections. Creating large online libraries facilitates electronic search and discovery tools which open up new sources of discovery for researchers and academics who would otherwise have to content themselves with more traditional and analogue search methods.

(2) The need to promote free movement of knowledge and innovation in the internal market is an important component of the Europe 2020 Strategy, as set out in the Communication from the Commission entitled 'Europe 2020: A strategy for smart, sustainable and inclusive growth', which includes as one of its flagship initiatives the development of a Digital Agenda for Europe.

(3) Creating a legal framework to facilitate the digitisation and dissemination of works and other subject-matter which are protected by copyright or related rights and for which no rightholder is identified or for which the rightholder, even if identified, is not located—so-called orphan works—is a key action of the Digital Agenda for Europe, as set out in the Communication from the Commission entitled 'A Digital Agenda for Europe'. This Directive targets the specific problem of the legal determination of orphan work status and its consequences in terms of the permitted users and permitted uses of works or phonograms considered to be orphan works.

(4) This Directive is without prejudice to specific solutions being developed in the Member States to address larger mass digitisation

issues, such as in the case of so-called 'out-of-commerce' works. Such solutions take into account the specificities of different types of content and different users and build upon the consensus of the relevant stakeholders. This approach has also been followed in the Memorandum of Understanding on key principles on the digitisation and making available of out-of-commerce works, signed on 20 September 2011 by representatives of European libraries, authors, publishers and collecting societies and witnessed by the Commission. This Directive is without prejudice to that Memorandum of Understanding, which calls on Member States and the Commission to ensure that voluntary agreements concluded between users, rightholders and collective rights management organisations to licence the use of out-of-commerce works on the basis of the principles contained therein benefit from the requisite legal certainty in a national and cross-border context.

(5) Copyright is the economic foundation for the creative industry, since it stimulates innovation, creation, investment and production. Mass digitisation and dissemination of works is therefore a means of protecting Europe's cultural heritage. Copyright is an important tool for ensuring that the creative sector is rewarded for its work.

(6) The rightholders' exclusive rights of reproduction of their works and other protected subject-matter and of making them available to the public, as harmonised under Directive 2001/29/EC of the European Parliament and of the Council of 22 May 2001 on the harmonisation of certain aspects of copyright and related rights in the in-

formation society[1], necessitate the prior consent of rightholders to the digitisation and the making available to the public of a work or other protected subject-matter.

(7) In the case of orphan works, it is not possible to obtain such prior consent to the carrying-out of acts of reproduction or of making available to the public.

(8) Different approaches in the Member States to the recognition of orphan work status can present obstacles to the functioning of the internal market and the use of, and cross-border access to, orphan works. Such different approaches can also result in restrictions on the free movement of goods and services which incorporate cultural content. Therefore, ensuring the mutual recognition of such status is appropriate, since it will allow access to orphan works in all Member States.

(9) In particular, a common approach to determining the orphan work status and the permitted uses of orphan works is necessary in order to ensure legal certainty in the internal market with respect to the use of orphan works by publicly accessible libraries, educational establishments and museums, as well as by archives, film or audio heritage institutions and public-service broadcasting organisations.

(10) Cinematographic or audiovisual works and phonograms in the archives of public-service broadcasting organisations and produced by them include orphan works. Taking into account the special position of broadcasters as producers of phonograms and audiovisual

---

[1] OJ L 167, 22. 6. 2011, p. 10.

material and the need to adopt measures to limit the phenomenon of orphan works in the future, it is appropriate to set a cut-off date for the application of this Directive to works and phonograms in the archives of broadcasting organisations.

(11) Cinematographic and audiovisual works and phonograms contained in the archives of public-service broadcasting organisations and produced by them, should for the purposes of this Directive be regarded as including cinematographic and audiovisual works and phonograms which are commissioned by such organisations for the exclusive exploitation by them or other co-producing public-service broadcasting organisations. Cinematographic and audiovisual works and phonograms contained in the archives of public-service broadcasting organisations which have not been produced or commissioned by such organisations, but which those organisations have been authorised to use under a licensing agreement, should not fall within the scope of this Directive.

(12) For reasons of international comity, this Directive should apply only to works and phonograms that are first published in the territory of a Member State or, in the absence of publication, first broadcast in the territory of a Member State or, in the absence of publication or broadcast, made publicly accessible by the beneficiaries of this Directive with the consent of the rightholders. In the latter case, this Directive should only apply provided that it is reasonable to assume that the rightholders would not oppose the use allowed by this Directive.

(13) Before a work or phonogram can be considered an orphan work, a diligent search for the rightholders in the work or phono-

gram, including rightholders in works and other protected subject-matter that are embedded or incorporated in the work or phonogram, should be carried out in good faith. Member States should be permitted to provide that such diligent search may be carried out by the organisations referred to in this Directive or by other organisations. Such other organisations may charge for the serviceof carrying out a diligent search.

(14) It is appropriate to provide for a harmonised approach concerning such diligent search in order to ensure a high level of protection of copyright and related rights in the Union. A diligent search should involve the consultation of sources that supply information on the works and other protected subject-matter as determined, in accordance with this Directive, by the Member State where the diligent search has to be carried out. In so doing, Member States could refer to the diligent search guidelines agreed in the context of the High Level Working Group on Digital Libraries established as part of the i2010 digital library initiative.

(15) In order to avoid duplication of search efforts, a diligent search should be carried out in the Member State where the work or phonogram was first published or, in cases where no publication has taken place, where it was first broadcast. The diligent search in respect of cinematographic or audiovisual works the producer of which has his headquarters or habitual residence in a Member State should be carried out in that Member State. In the case of cinematographic or audiovisual works which are co-produced by producers established in different Member States, the diligent search should be carried out in each of those Member States. With regard to works and phonograms

which have neither been published nor broadcast but which have been made publicly accessible by the beneficiaries of this Directive with the consent of the rightholders, the diligent search should be carried out in the Member State where the organisation that made the work or phonogram publicly accessible with the consent of the rightholder is established. Diligent searches for the rightholders in works and other protected subject-matter that are embedded or incorporated in a work or phonogram should be carried out in the Member State where the diligent search for the work or phonogram containing the embedded or incorporated work or other protected subject-matter is carried out. Sources of information available in other countries should also be consulted if there is evidence to suggest that relevant information on rightholders is to be found in those other countries. The carrying-out of diligent searches may generate various kinds of information, such as a search record and the result of the search. The search record should be kept on file in order for the relevant organisation to be able to substantiate that the search was diligent.

(16) Member States should ensure that the organisations concerned keep records of their diligent searches and that the results of such searches, consisting in particular of any finding that a work or phonogram is to be considered an orphan work within the meaning of this Directive, as well as information on the change of status and on the use which those organisations make of orphan works, are collected and made available to the public at large, in particular through the recording of the relevant information in an online database. Considering in particular the pan-European dimension, and in order to avoid duplication of efforts, it is appropriate to make provi-

sion for the creation of a single online database for the Union containing such information and for making it available to the public at large in a transparent manner. This can enable both the organisations which are carrying out diligent searches and the rightholders easily to access such information. The database could also play an important role in preventing and bringing to an end possible copyright infringements, particularly in the case of changes to the orphan work status of the works and phonograms. Under Regulation (EU) No 386/2012[1], the Office for Harmonization in the Internal Market ('the Office') is entrusted with certain tasks and activities, financed by making use of its own budgetary means, aimed at facilitating and supporting the activities of national authorities, the private sector and the Union institutions in the fight against, including the prevention of, infringement of intellectual property rights.

In particular, pursuant to point (g) of Article 2 (1) of that Regulation, those tasks include providing mechanisms which help to improve the online exchange of relevant information between the Member States' authorities concerned and fostering cooperation between those authorities. It is therefore appropriate to rely on the Office to establish and manage the European database containing information related to orphan works referred to in this Directive.

(17) There can be several rightholders in respect of a particu-

---

[1] Regulation (EU) No 386/2012 of the European Parliament and of the Council of 19 April 2012 on entrusting the Office for Harmonization in the Internal Market (Trade Marks and Designs) with tasks related to the enforcement of intellectual property rights, including the assembling of public and private-sector representatives as a European Observatory on Infringements of Intellectual Property Rights (OJ L 129, 16.5.2012, p. 1).

lar work or phonogram, and works and phonograms can themselves include other works or protected subject-matter. This Directive should not affect the rights of identified and located rightholders. If at least one rightholder has been identified and located, a work or phonogram should not be considered an orphan work. The beneficiaries of this Directive should only be permitted to use a work or phonogram one or more of the rightholders in which are not identified or not located, if they are authorised to carry out the acts of reproduction and of making available to the public covered by Articles 2 and 3 respectively of Directive 2001/29/EC by those rightholders that have been identified and located, including the rightholders of works and other protected subject-matter which are embedded or incorporated in the works or phonograms. Rightholders that have been identified and located can give this authorisation only in relation to the rights that they themselves hold, either because the rights are their own rights or because the rights were transferred to them, and should not be able to authorise under this Directive any use on behalf of rightholders that have not been identified and located. Correspondingly, when previously non-identified or non-located rightholders come forward in order to claim their rights in the work or phonogram, the lawful use of the work or phonogram by the beneficiaries can continue only if those rightholders give their authorisation to do so under Directive 2001/29/EC in relation to the rights that they hold.

(18) Rightholders should be entitled to put an end to the orphan work status in the event that they come forward to claim their rights in the work or other protected subject-matter. Rightholders that put an end to the orphan work status of a work or other protected sub-

ject-matter should receive fair compensation for the use that has been made of their works or other protected subject-matter under this Directive, to be determined by the Member State where the organisation that uses an orphan work is established. Member States should be free to determine the circumstances under which the payment of such compensation may be organised, including the point in time at which the payment is due. For the purposes of determining the possible level of fair compensation, due account should be taken, inter alia, of Member States' cultural promotion objectives, of the non-commercial nature of the use made by the organisations in question in order to achieve aims related to their public-interest missions, such as promoting learning and disseminating culture, and of the possible harm to rightholders.

(19) If a work or phonogram has been wrongly found to be an orphan work, following a search which was not diligent, the remedies for copyright infringement in Member States' legislation, provided for in accordance with the relevant national provisions and Union law, remain available.

(20) In order to promote learning and the dissemination of culture, Member States should provide for an exception or limitation in addition to those provided for in Article 5 of Directive 2001/29/EC. That exception or limitation should permit certain organisations, as referred to in point (c) of Article 5 (2) of Directive 2001/29/EC and film or audio heritage institutions which operate on a non-profit making basis, as well as public-service broadcasting organisations, to reproduce and make available to the public, within the meaning of that Directive, orphan works, provided that such use

fulfils their public interest missions, in particular the preservation of, the restoration of, and the provision of cultural and educational access to, their collections, including their digital collections. Film or audio heritage institutions should, for the purposes of this Directive, cover organisations designated by Member States to collect, catalogue, preserve and restore films and other audiovisual works or phonograms forming part of their cultural heritage. Public-service broadcasters should, for the purposes of this Directive, cover broadcasters with a public-service remit as conferred, defined and organised by each Member State. The exception or limitation established by this Directive to permit the use of orphan works is without prejudice to the exceptions and limitations provided for in Article 5 of Directive 2001/29/EC. It can be applied only in certain special cases which do not conflict with the normal exploitation of the work or other protected subject-matter and do not unreasonably prejudice the legitimate interests of the rightholder.

(21) In order to incentivise digitisation, the beneficiaries of this Directive should be allowed to generate revenues in relation to their use of orphan works under this Directive in order to achieve aims related to their public-interest missions, including in the context of public-private partnership agreements.

(22) Contractual arrangements may play a role in fostering the digitisation of European cultural heritage, it being understood that publicly accessible libraries, educational establishments and museums, as well as archives, film or audio heritage institutions and public-service broadcasting organisations, should be allowed, with a view to undertaking the uses permitted under this Directive, to con-

clude agreements with commercial partners for the digitisation and making available to the public of orphan works. Those agreements may include financial contributions by such partners. Such agreements should not impose any restrictions on the beneficiaries of this Directive as to their use of orphan works and should not grant the commercial partner any rights to use, or control the use of, the orphan works.

(23) In order to foster access by the Union's citizens to Europe's cultural heritage, it is also necessary to ensure that orphan works which have been digitised and made available to the public in one Member State may also be made available to the public in other Member States. Publicly accessible libraries, educational establishments and museums, as well as archives, film or audio heritage institutions and public-service broadcasting organisations that use an orphan work in order to achieve their public-interest missions should be able to make the orphan work available to the public in other Member States.

(24) This Directive is without prejudice to the arrangements in the Member States concerning the management of rights such as extended collective licences, legal presumptions of representation or transfer, collective management or similar arrangements or a combination of them, including for mass digitisation.

(25) Since the objective of this Directive, namely ensuring legal certainty with respect to the use of orphan works, cannot be sufficiently achieved by the Member States and can therefore, by reason of the need for uniformity of the rules governing the use of orphan works, be better achieved at Union level, the Union may adopt

measures, in accordance with the principle of subsidiarity as set out in Article 5 of the Treaty on European Union. In accordance with the principle of proportionality, as set out in that Article, this Directive does not go beyond what is necessary in order to achieve that objective,

HAVE ADOPTED THIS DIRECTIVE:

Article 1 Subject-matter and scope

1. This Directive concerns certain uses made of orphan works by publicly accessible libraries, educational establishments and museums, as well as by archives, film or audio heritage institutions and public-service broadcasting organisations, established in the Member States, in order to achieve aims related to their public-interest missions.

2. This Directive applies to: (a) works published in the form of books, journals, newspapers, magazines or other writings contained in the collections of publicly accessible libraries, educational establishments or museums as well as in the collections of archives or of film or audio heritage institutions; (b) cinematographic or audiovisual works and phonograms contained in the collections of publicly accessible libraries, educational establishments or museums as well as in the collections of archives or of film or audio heritage institutions; and (c) cinematographic or audiovisual works and phonograms produced by public-service broadcasting organisations up to and including 31 December 2002 and contained in their archives; which are protected by copyright or related rights and which are first published in a Member State or, in the absence of publication, first broadcast in a Member State.

3. This Directive also applies to works and phonograms referred to in paragraph 2 which have never been published or broadcast but which have been made publicly accessible by the organisations referred to in paragraph 1 with the consent of the rightholders, provided that it is reasonable to assume that the rightholders would not oppose the uses referred to in Article 6. Member States may limit the application of this paragraph to works and phonograms which have been deposited with those organisations before 29 October 2014.

4. This Directive shall also apply to works and other protected subject-matter that are embedded or incorporated in, or constitute an integral part of, the works or phonograms referred to in paragraphs 2 and 3.

5. This Directive does not interfere with any arrangements concerning the management of rights at national level.

Article 2 Orphan works

1. A work or a phonogram shall be considered an orphan work if none of the rightholders in that work or phonogram is identified or, even if one or more of them isidentified, none is located despite a diligent search for the rightholders having been carried out and recorded in accordance with Article 3.

2. Where there is more than one rightholder in a work or phonogram, and not all of them have been identified or, even if identified, located after a diligent search has been carried out and recorded in accordance with Article 3, the work or phonogram may be used in accordance with this Directive provided that the rightholders that have been identified and located have, in relation to the rights they hold, authorised the organisations referred to in Article 1 (1)

to carry out the acts of reproduction and making available to the public covered respectively by Articles 2 and 3 of Directive 2001/29/EC.

3. Paragraph 2 shall be without prejudice to the rights in the work or phonogram of rightholders that have been identified and located.

4. Article 5 shall apply *mutatis mutandis* to the rightholders that have not been identified and located in the works referred to in paragraph 2.

5. This Directive shall bewithout prejudice to national provisions on anonymous or pseudonymous works.

Article 3 Diligent search

1. For the purposes of establishing whether a work or phonogram is an orphan work, the organisations referred to in Article 1 (1) shall ensure that a diligent search is carried out in good faith in respect of each work or other protected subject-matter, by consulting the appropriate sources for the category of works and other protected subject-matter in question. The diligent search shall be carried out prior to the use of the work or phonogram.

2. The sources that are appropriate for each category of works or phonogram in question shall be determined by each Member State, in consultation with rightholders and users, and shall include at least the relevant sources listed in the Annex.

3. A diligent search shall be carried out in the Member State of first publication or, in the absence of publication, first broadcast, except in the case of cinematographic or audiovisual works the producer of which has his headquarters or habitual residence in a Mem-

ber State, in which case the diligent search shall be carried out in the Member State of his headquarters or habitual residence.

In the case referred to in Article 1 (3), the diligent search shall be carried out in the Member State where the organisation that made the work or phonogram publicly accessible with the consent of the rightholder is established.

4. If there is evidence to suggest that relevant information on rightholders is to befound in other countries, sources of information available in those other countries shall also be consulted.

5. Member States shall ensure that the organisations referred to in Article 1 (1) maintain records of their diligent searches and that those organisations provide the following information to the competent national authorities:

(a) the results of the diligent searches that the organisations have carried out and which have led to the conclusion that a work or a phonogram is considered an orphan work;

(b) the use that the organisations make of orphan works in accordance with this Directive;

(c) any change, pursuant to Article 5, of the orphan work status of works and phonograms that the organisations use;

(d) the relevant contact information of the organisation concerned.

6. Member States shall take the necessary measures to ensure that the information referred to in paragraph 5 is recorded in a single publicly accessible online database established and managed by the Office for Harmonization in the Internal Market ('the Office') in accordance with Regulation (EU) No 386/2012. To that end, they

shall forward that information to the Office without delay upon receiving it from the organisations referred to in Article 1 (1).

Article 4 Mutual recognition of orphan work status

A work or phonogram which is considered an orphan work according to Article 2 in a Member State shall be considered an orphan work in all Member States. That work or phonogram may be used and accessed in accordance with this Directive in all Member States. This also applies to works and phonograms referred to in Article 2 (2) in so far as the rights of the nonidentified or non-located rightholders are concerned.

Article 5 End of orphan work status

Member States shall ensure that a rightholder in a work or phonogram considered to be an orphan work has, at any time, the possibility of putting an end to the orphan work status in so far as his rights are concerned.

Article 6 Permitted uses of orphan works

1. Member States shall provide for an exception or limitation to the right of reproduction and the right of making available to the public provided for respectively in Articles 2 and 3 of Directive 2001/29/EC to ensure that the organisations referred to in Article 1 (1) are permitted to use orphan works contained in their collections in the following ways:

(a) by making the orphan work available to the public, within the meaning of Article 3 of Directive 2001/29/EC;

(b) by acts of reproduction, within the meaning of Article 2 of Directive 2001/29/EC, for the purposes of digitisation, making available, indexing, cataloguing, preservation orrestoration.

2. The organisations referred to in Article 1 （1） shall use an orphan work in accordance with paragraph 1 of this Article only in order to achieve aims related to their public-interest missions, in particular the preservation of, the restoration of, and the provision of cultural and educational access to, works and phonograms contained in their collection. The organisations may generate revenues in the course of such uses, for the exclusive purpose of covering their costs of digitising orphan works and making them available to the public.

3. Member States shall ensure that the organisations referred to in Article 1 （1） indicate the name of identified authors and other rightholders in any use of an orphan work.

4. This Directive is without prejudice to the freedom of contract of such organisations in the pursuit of their publicinterest missions, particularly in respect of public-private partnership agreements.

5. Member States shall provide that a fair compensation is due to rightholders that put an end to the orphan work status of their works or other protected subject-matter for the use that has been made by the organisations referred to in Article 1 （1） of such works and other protected subject-matter in accordance with paragraph 1 of this Article. Member States shall be free to determine the circumstances under which the payment of such compensation may be organised. The level of the compensation shall be determined, within the limits imposed by Union law, by the law of the Member State in which the organisation which uses the orphan work in question is established.

Article 7 Continued application of other legal provisions

This Directive shall be without prejudice to provisions concerning, in particular, patent rights, trade marks, design rights, utility models, the topographies of semi-conductor products, type faces, conditional access, access to cable of broadcasting services, the protection of national treasures, legal deposit requirements, laws on restrictive practices and unfair competition, trade secrets, security, confidentiality, data protection and privacy, access to public documents, the law of contract, and rules on the freedom of the press and freedom of expression in the media.

Article 8 Application in time

1. This Directive shall apply in respect of all works and phonograms referred to in Article 1 which are protected by the Member States' legislation in the field of copyright on or after 29 October 2014.

2. This Directive shall apply without prejudice to any acts concluded and rights acquired before 29 October 2014.

Article 9 Transposition

1. Member States shall bring into force the laws, regulations and administrative provisions necessary to comply with this Directive by 29 October 2014. They shall forthwith communicate to the Commission the text of those provisions.

When Member States adopt those provisions, they shall contain a reference to this Directive or shall be accompanied by such a reference on the occasion of their official publication. The methods of making such reference shall be laid down by Member States.

2. Member States shall communicate to the Commission the text of the main provisions of national law which they adopt in the field covered by this Directive.

Article 10　Review clause

The Commission shall keep under constant review the development of rights information sources and shall by 29 October 2015, and at annual intervals thereafter, submit a report concerning the possible inclusion in the scope of application of this Directive of publishers and of works or other protected subject-matter not currently included in its scope, and in particular stand-alone photographs and other images.

By 29 October 2015, the Commission shall submit to the European Parliament, the Council and the European Economic and Social Committee a report on the application of this Directive, in the light of the development of digital libraries.

When necessary, in particular to ensure the functioning of the internal market, the Commission shall submit proposals for amendment of this Directive.

A Member State that has valid reasons to consider that the implementation of this Directive hinders one of the national arrangements concerning the management of rights referred to in Article 1 (5) may bring the matter to the attention of the Commission together with all relevant evidence. The Commission shall take such evidence into account when drawing up the report referred to in the second paragraph of this Article and when assessing whether it is necessary to submit proposals for amendment of this Directive.

Article 11　Entry into force

This Directive shall enter into force on the day following that of its publication in the *Official Journal of the European Union*.

Article 12 Addressees

This Directive is addressed to the Member States.

Done at Strasbourg, 25 October 2012.